幼儿园课程故事研究丛书·第三辑

南京师范大学课程研究中心组织编写

主　编

张　斌　虞永平

编写人员（按笔画排序）

王月伟	王红宇	王　玮	仇晶晶	冯德菲
任　莹	吴雪梅	何　涛	宋施萍	张步芹
欧　南	赵晓毓	柳　敬	高　凡	高　吕
郭　华	凌伟娟	童兰蝶	蒲倩倩	薛欣欣
薛　雯				

童心发现大自然

主编 张 斌 虞永平

南京师范大学出版社

图书在版编目(CIP)数据

童心发现大自然／张斌，虞永平主编. — 南京：南京师范大学出版社，2020.11(2024.1重印)
（幼儿园课程故事研究丛书；第三辑）
ISBN 978-7-5651-4677-0

Ⅰ.①童… Ⅱ.①张…②虞… Ⅲ.①学前教育—课程设计 Ⅳ.①G612

中国版本图书馆 CIP 数据核字（2020）第 124292 号

书　名	童心发现大自然
丛书名	幼儿园课程故事研究丛书·第三辑
主　编	张　斌　虞永平
丛书主编	张　斌　虞永平
丛书策划	张　莉　官军燕
责任编辑	官军燕
出版发行	南京师范大学出版社
地　址	江苏省南京市玄武区后宰门西村 9 号（邮编:210016）
电　话	(025)83598919(总编办)　83598412(营销部)　83598312(邮购部)
网　址	http://press.njnu.edu.cn
电子信箱	nspzbb@njnu.edu.cn
照　排	南京凯建文化发展有限公司
印　刷	扬州市文丰印刷制品有限公司
开　本	787 毫米×1000 毫米　1/16
印　张	14.25
字　数	211 千
版　次	2020 年 11 月第 1 版　2024 年 1 月第 3 次印刷
书　号	ISBN 978-7-5651-4677-0
定　价	48.00 元
出版人	张　鹏

南京师大版图书若有印装问题请与销售商调换
版权所有　　侵犯必究

序

  幼儿园课程故事本质上是一种教育实践叙事,就是讲述那些以小见大、发人深省、关乎幼儿园课程建设与发展的故事。它是幼儿教师对课程实践过程中真实事件的叙述,其目的在于通过故事去体悟并阐述教育工作所蕴含的规律、原理,促进叙述主体和听众(读者)对教育现象——特别是课程问题——的深度理解与思考;是一种将客观事实呈现、主观感受体验和理性观点阐释融为一体的教育经验发现过程。

  课程故事是一种回顾。其内容都来自幼儿园课程实践的点滴,教师在讲述故事的时候便是在回忆和梳理自己的课程经历,积累经验。这些内容作为对真实教育情境的再现,本身就是一笔财富。正如苏霍姆林斯基曾经说过的:"我建议每一位教师都来写教育日记。教育日记并不是什么对它提出某些格式要求的官方文献,而是一种个人的随笔记录,在日常工作中就可以记。这些记录是思考和创造的源泉。那种连续记了 10 年、20 年甚至 30 年的教师日记,是一笔巨大的财富。每一位勤于思考的教师,都有他自己的体系、自己的教育学修养。"虽然课程故事并不等同于教育日记,但教育日记的确是课程故事的重要基础。

  课程故事是一种反思。随着教育工作的复年复日,幼儿教师的专业敏感往往会在例行公事般的幼儿园生活中被钝化,而实践叙事就是要我们去重新审视那些在幼儿园场域内看似司空见惯的细节,重新发现其中的教育意蕴,重新感受在表面平淡的教育生活背后那些不平凡的意义,从而把作为叙事者的教师自身的思维触角引向自我教育生活的深层。

  课程故事是一种研究。教师从事教育研究的目的在于改善自己的教育品质,提升教育能力,更新教育观念,这就需要教师开展的研究务实、有用。而现实中却存在教师对某些观点心存疑虑却仍然"引经据典写论文"的"研究",这显然违背了教师进行教育研究的初衷。对教师而言，讲述故事可以帮助他们积累大量的工作现场素材，反思故事能够让他们对幼儿园实践经验进行重构或重组，这个过程往往会引导叙事者或发现问题，或寻找原因，或生成对策，或形成工作思路，或得出教育规律——获得解决某些问题的更上位的经验，这才是幼儿园教师要做的研究。

课程故事是一种分享。由于课程故事的内容来源于真实情境，其所展示的现象、反映的问题往往与广大一线教师的经历如出一辙，很容易引起共鸣、激发交流。一方面，教师在叙述故事、描述问题、阐述观点的过程中要将自己的所遇、所感、所想表达出来，与志同道合的人士进行专业经验分享；另一方面，听众（读者）们可能还会就某些问题进行持续的讨论，形成共享多种观点的局面。这里，课程故事为大家分享、交流专业观点搭建了平台，提供了思路。

课程故事还是一种成长。它将教师的工作、学习和研究有机融为一体，使教师在实践思维和理论思维之间不断转换，获得更有利于其专业发展的思维模式训练，同时，还有利于增进教师对自身课程实践内涵的理解，树立正确的教育信念，建立远大的教育理想。毫不夸张地说，课程故事能够让任何一位教师实现扎实的专业成长，实现在原有水平上的进步。

南京师范大学出版社策划并出版"幼儿园课程故事研究丛书"，既是对我国幼儿园课程实践现状的总结与展示，更是对生发于幼儿园课程场域的现象、经验、观点和理论的发掘和整理。其以故事的形式叙述幼儿园课程建设过程中的立场、经验、反思以及幼儿和教师的成功、喜悦、收获、苦恼、失落、决心和意志，真实地反映教育改革的背景下我国幼儿园教育发展的真实画面，让幼儿园园长和教师在轻松的阅读中有所收获。

我们希望该套丛书的价值不只停留在"讲故事"的层面，更能够激起各位读者进行专业思考的意愿和行动。套用一句老话，便是期待抛此"砖"能引来彼之"玉"，能为我国幼儿园教师专业成长与幼儿教育事业品质的提升有所贡献！

张　斌　虞永平
2018年秋

目 录

小班

豌豆上的小洞洞/003

中班

雾霾来了/021
葫芦成长记/033
毛茸茸的树/044
小青虫的故事/062

大班

小鸡的故事/081
稻草房子装修记/101
我和泥的故事/114
小水塘 大秘密/127
柿子熟了/143
渔村探秘之旅/162
"芽"的持续性探究/178
香蕉林野趣/190
鸡蛋去哪里了/209

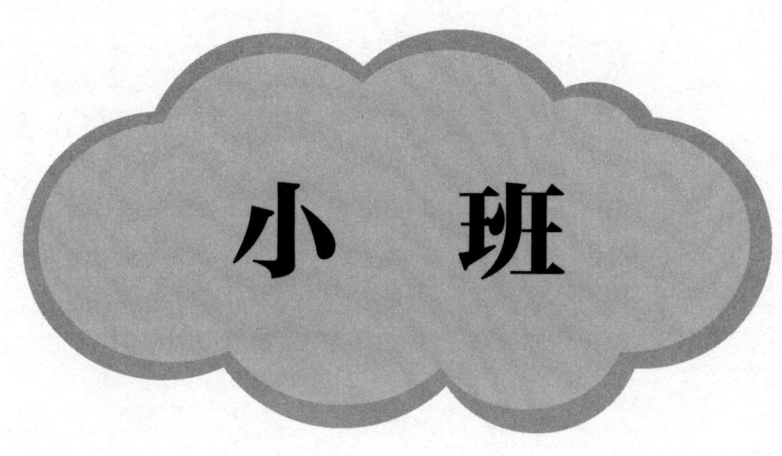

豌豆上的小洞洞

江苏省苏州市吴江区金家坝幼儿园　凌伟娟

持续时间：2017年10月至12月

年龄段：小班

缘　起

在一次午餐活动中，一个孩子忽然对老师说："老师，这是什么豆子这么好吃？"老师告诉他："这是豌豆（青豌豆）。""豌豆是种在泥土里的吗？""怎么种豌豆啊？""豌豆是有魔法的豆子吗？"面对着孩子们一个个有趣的问题，老师想何不带领幼儿亲自种一种这神奇的豌豆呢？

豌豆种子从哪里来呢？由于我们的孩子大多数都生活在农村，很多家庭都会种豌豆，而且每年在收获豌豆的时候都会留下一些干的豌豆种子以备来年的时候再播种，所以老师就请小朋友帮忙收集豌豆种子。第二天几个孩子带了一些种子过来，有的装在袋子里，有的装在瓶子里，生成了观察豌豆种子的活动。

认识豌豆种子，发现小洞洞

孩子们第一次见到豌豆种子，老师将豌豆种子放在一个个小盆子里让他们自由观察。"这是什么呀？"孩子们大声地告诉老师是豌豆。"豌豆种子长什么样子？"孩子们拿起一两粒豌豆种子放在手心里开始细细研究。

玥玥："我发现豌豆长得圆圆的、硬硬的。"

靖恺："我发现豌豆上有个小洞洞。"

奕涵:"我也发现了一个洞洞,洞洞圆圆的、小小的。"

梦婕:"我的豌豆没有洞洞。"

在自主观察豌豆种子的过程中,孩子们通过摸一摸、看一看、说一说等多种方式认识了豌豆种子,了解了豌豆种子的外形特征:圆圆的、硬硬的。有些细心的小朋友还发现了有些豌豆上有洞洞的小秘密。看到

图1　观察豌豆种子

大家对这个小小的洞洞特别感兴趣,老师打算在下一次的活动中引导孩子们继续观察豌豆种子,进一步探讨豌豆上小洞洞的秘密。

豌豆上有几个小洞洞呢?

"上一次我们发现有的豌豆上没有小洞洞,有的豌豆上有小洞洞,那有洞洞的豌豆上有几个小洞洞呢?"

孩子们听了老师的问题之后马上开始找有洞洞的豌豆。只见语萱找到了一粒有洞洞的豌豆,轻轻地在那说:"一个洞洞。"接着她又将豌豆上下两头转个圈,仔细地数还有几个洞洞,最终发现豌豆上只有一个小洞洞。

旁边的玟昕也找到了一粒有洞洞的豌豆,看了一会儿就问语萱:"语萱,我的豌豆上有一个洞洞,你的有几个洞洞?"语萱回答道:"一个洞洞。"于是两人"哈哈哈"笑了。

接着她俩又接连观察了几粒有洞洞的豌豆,最终总结出每粒有洞洞的豌豆上只有一个小洞洞。

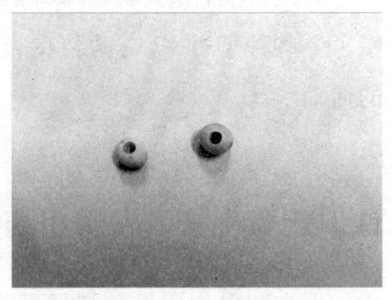

图2　每粒有洞洞的豌豆上只有一个小洞洞

《3—6岁儿童学习与发展指南》(以下简称《指南》)数学领域中指出:小班幼儿能感知和区分物体的大小、多少、高矮、长短等量方面的特点,并能用相应的词表示。幼儿在数洞洞个数的时候特别

认真，怕漏掉洞洞，所以将豌豆上下两头转个圈地数，并且在数的时候能够用简单数词描述洞洞个数，如"一个洞洞"。最终幼儿得出的答案是：每粒有洞洞的豌豆上都只有一个洞洞。

洞洞里黑黑的是什么东西？

孩子们发现豌豆上有洞洞之后，就对豌豆上的洞洞特别感兴趣，时不时拿起一粒有洞洞的豌豆开始观察。子轩拿起一粒豌豆，盯着洞洞看了一会儿，忽然说："看，这个洞洞里面有什么东西啊？"旁边的涵涵说："小虫子吧！""我觉得是泥，泥是黑黑的。"玥玥发表了不同的意见。

老师提议道："到底是小虫子还是泥呢？我们挖出来看看好不好？"

孩子们一致同意。由于洞很小，于是老师找来了一根回形针，小心地将回形针伸进洞里，将黑色的东西往外挖，一会儿就挖出来了。

"哇，是小虫子呀！"孩子们激动得不得了。琳琳说："这个洞洞是虫虫的家，虫虫最爱这个家。"玟昕开心地将一粒豌豆给老师："老师，这个洞洞里也有小虫子，再挖一只出来吧。"于是老师又接着挖了几只虫子出来。"现在一共有几只小虫子啊？"孩子们伸出手指开始认真地数了起来："1，2，3，4，一共有4只虫子，一个洞洞里有一只虫子。"

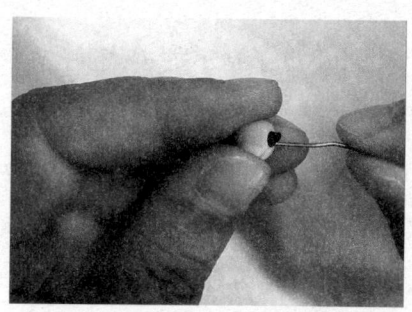

图3　老师用回形针将豌豆洞里面的黑东西挖出来

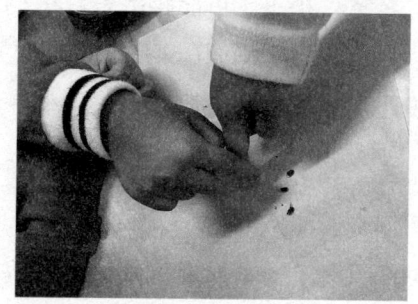

图4　孩子们在数小虫子

一个孩子无意中发现洞洞里有黑黑的东西，但由于洞口太小，实在看不清，于是几个孩子开始猜测：黑黑的东西到底是什么呢？《指南》科学领域中指出：教师要认真对待幼儿的问题，引导幼儿猜一猜、想一想，有条件时和幼儿一起做一些简易的调查或有趣的小实验。为了帮助幼儿找出答案，教师提议把这个黑黑的东西挖出来看看，于是找来了回形针将东西挖了出来，幼儿惊喜地发现是一只不动的小虫子，接着教师又应幼儿的要求接连挖了几粒豌豆上的黑洞洞，都挖出了小虫子，幼儿发现一个黑洞洞里就有一只小虫子。

为什么有的洞洞里有小虫子，有的没有呢？

在孩子们的细心观察下，他们发现豌豆洞洞里也不是都有虫子。有的洞洞里面黑黑的，代表有小虫子，但是有的洞洞里面是空的，没有小虫子。那么为什么是空的呢？

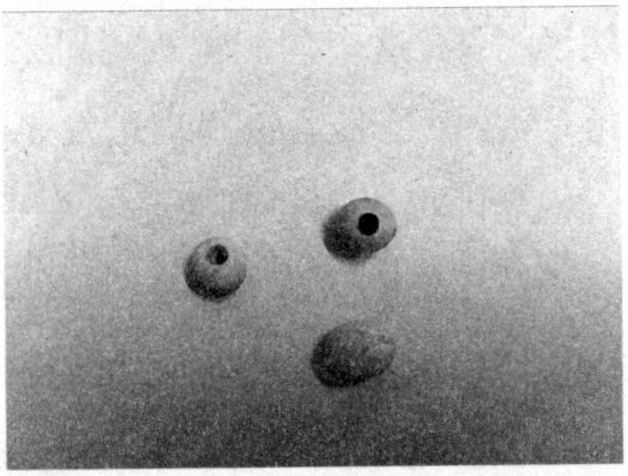

琳琳："可能有些小虫虫走了，它醒了，活动一下就不在这个洞里了，它要跟其他小虫虫去玩了。"

图5　三种豌豆种子：没有洞洞的豌豆；有洞洞，洞洞里有虫子的豌豆；有洞洞，洞洞里没有虫子的豌豆

禹泽："小虫子自己跑掉玩去了。"

奕涵："因为豌豆不一样，有的洞洞有小虫子，有的洞洞没有小虫子。"

茗萱："小虫子可能爬出去，找一个新家去了。"

梦雅："这个洞洞（没有小虫子的）小一点，小虫子钻不进去，不好钻。"她边说边用手指指给老师看："这是小一点的洞洞，这是大一点的洞洞。"

有了挖虫虫的经历，幼儿知道洞洞里面是黑色的就代表有小虫子，但是有的洞洞却是空空的，于是教师引导幼儿思考为什么是空的。幼儿围绕小虫子和洞洞进行了一系列有根据地大胆推测，想象小虫子为什么不在洞洞里的各种原因，猜想不在洞里的小虫子可能爬出去玩了。《指南》科学领域中指出：教师通过提问等方式引导幼儿思考并对事物进行比较观察和连续观察，引导幼儿在观察和探索的基础上，尝试进行简单的分类。最终幼儿在比较的过程中发现了三种类别的豌豆种子：没有洞洞的豌豆；有洞洞，洞洞里有虫子的豌豆；

有洞洞,洞洞里没有虫子的豌豆。

为什么有的豌豆上没有小洞洞呢?

"为什么有的豌豆上没有小洞洞呢?"孩子们开始讨论起来。

靖恺:"因为它关起门来了,就像我们玩的游戏(手指游戏:关门)一样。"他一边念起了儿歌一边做起了手指动作:"一门关关进不来,二门关关进不来……关好门,怕其他小虫子爬进去。"

玥玥:"小虫子咬了豌豆种子就有小洞洞,它没有咬就没有。"

玟昕:"小虫子没有在这个豌豆上挖洞洞。"

梦雅:"小虫虫是用'电钻'钻出来洞洞,这个没有钻出来。"

听了梦雅说的话,茗萱马上说:"这个豌豆超级硬,所以没有钻洞,小虫子钻不动。"

《指南》语言领域中指出:幼儿愿意与他人讨论问题,敢在众人面前说话。围绕"为什么有的豌豆上没有小洞洞呢?"这个话题,幼儿开始讨论起来,靖恺根据我们已学的儿歌《关门》,认为豌豆上没有洞洞是因为它把门关起来了,所以虫虫进不去,看到幼儿能对他们学过的内容进行知识经验的迁移,教师感到很高兴。

画豌豆

《指南》中指出:教师要引导幼儿学会观察和记录自己的发现。所以在孩子们认识了豌豆之后,老师请他们画一画豌豆,本来以为小班刚上学的孩子应该不怎么会画,但是他们的表现让老师很意外。他们一边观察豌豆一边画豌豆,在这个过程中老师没有做任何示范,而是引导孩子们用自己喜欢的方式创作,结果发现他们能够抓住豌豆上有洞洞的特点将豌豆画出来。

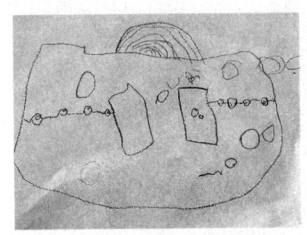 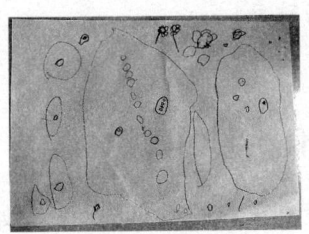 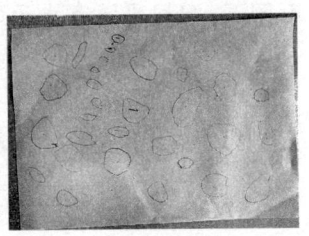

图6　一粒粒豌豆在大门口开火车,一粒接着一粒

图7　有的豌豆在盘子里,有的豌豆在外面

图8　豌豆圆圆的,有的豌豆上有小洞洞,有的豌豆上没有洞洞

挑豆豆

上一次我们发现有的豌豆上有小洞洞,洞洞里有小虫子,这种有洞洞的豌豆假如种在泥土里面,它们会发芽、会长大吗?

子轩:"有小虫子的豌豆种在泥土里长不好的。"

老师:"为什么呢?"

子轩:"因为小虫子会咬死豌豆的。"

玥玥:"我们吃了会肚子疼的。"

大多数的孩子都觉得有洞洞的豌豆可能会长得不好,于是老师继续问他们:"那我们怎样将这些有洞洞的豌豆和没有洞洞的豌豆分开来呢?"

文洁:"把有洞洞的豌豆挑出来,这样盆里剩下的就是好的豌豆。"

听了孩子们的建议,老师找来了塑料盒,准备好了工具和豌豆之后,孩子们开始动手挑豌豆。在挑豌豆的过程中,很多小朋友都很认真地在挑,只见文洁一边挑出有洞洞的豌豆放在手心里,一边数,"1个,2个,3个,4个,5个……"数到后来不知道数到几了,就不数了,再把有洞洞的豌豆放在塑料盒中。

挑豆豆对小班幼儿来说不仅是一个锻炼眼力、注意力、手眼协调能力的活动,还能发展他们的数数能力,同时随着活动的开展,幼儿了解了优质种子与劣质种子的区别,知道播种时要选优质种子,这也是生活常识的学习。

图9 以小组为单位挑豆豆

图10 有洞洞的豌豆被挑了出来

豌豆上的"玻璃"小洞洞

孩子们之前从家中带来了好多豌豆种子,没用到的种子老师用塑料袋密封保存了起来。某天,当老师打开装有豌豆种子的袋子时,梦雅忽然大声地说:"老师,你快看,我看到豌豆上有一个不一样的小洞洞。"

老师一看,发现好多豌豆上都有一个表皮没有破的小洞洞。这时梓宸走了过来,拿起一粒豌豆仔细看了看说:"这个洞洞好像玻璃一样。""为什么你觉得像玻璃呢?""玻璃就是不让小孩子出去(不让小虫子出去)。"旁边的梦雅听了马上反驳道:"刚刚梓宸说错了,不是玻璃,是豌豆上的白色东西。""嗯,是的,这个白色东西有点像玻璃一样,让人看不清里面的东西了。"

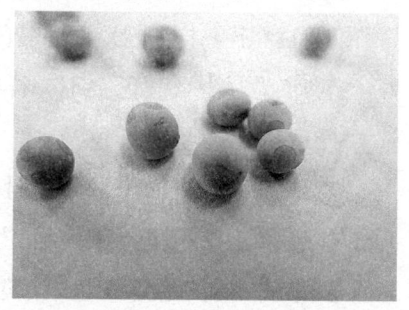

图11 发现豌豆上有一个"玻璃"小洞洞

于是老师又接着问:"这个洞洞和我们上次看到的洞洞一样吗?"梦雅摇了摇头说:"不一样,上面多了一层白色的东西,这个是不是小虫子的门?"梓宸马上说:"小虫子是不是睡觉了,所以关门了?"

《指南》科学领域中指出:小班幼儿对感兴趣的事物能仔细观察,发现其明显特征。这一次在观察豌豆的过程中幼儿发现了不一样的洞洞,这个洞洞像玻璃,他们对比了之前发现的洞洞,发现这一次的洞洞多了一层白色的东西。

一只咖啡色的小虫子

梓宸忽然用大拇指指甲戳了一下"玻璃"洞洞,洞洞的表皮就破了,露出了一团看不清楚的小东西。

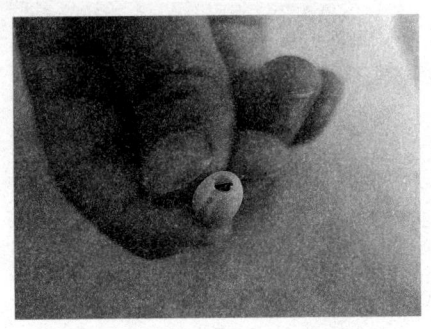

图12 "玻璃"戳破了,发现里面有东西

梓宸:"老师,这里面是不是虫?"

老师:"不知道,我们挖出来看看吧!"

于是老师找来了回形针,将里面的东西挖了出来。

梦雅:"哇,我觉得是一只咖啡色的小虫子。"

老师:"这个小虫子和我们上次看到的小虫子长得一样吗?"

梦雅:"不一样,上次的是黑色的,这一次的是咖啡色的。"

老师:"为什么颜色会不一样呢?"

梓宸:"是不是染了色?"

梦雅:"它在里面怎么染色呀?"

梓宸:"它在家里弄颜料啊!"

梦雅:"不对,不是染色,我觉得这个虫子小,以前的虫子比较大,是黑色的,这个虫子长大了也会变成这样的(黑色)。"

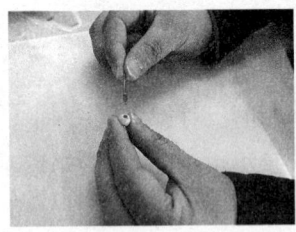

图13 老师用回形针将里面的东西挖了出来

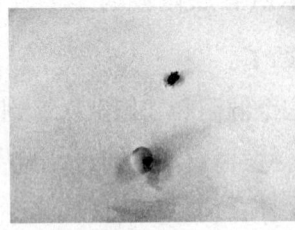

图14 洞洞里面住着一只咖啡色的小虫子

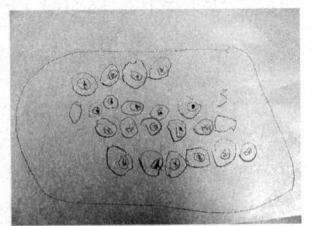

图15 幼儿画的有"玻璃"洞洞的豌豆

偶然的机会下幼儿发现了这种带有特殊"玻璃"洞洞的豌豆,他们觉得特别神奇,感觉外面的皮就像玻璃一样,朦朦胧胧,让人看不清里面到底是什么东西,于是在好奇心的驱使下,幼儿戳破了这一层"玻璃",发现里面是一只咖啡色的小虫子,而且这只小虫子和我们上次挖出来看到的小虫子颜色不一样。

皮没破,小虫子到底是怎么进去的呢?

这一次我们从"玻璃"洞洞里挖出来一只咖啡色的小虫子,可是豌豆上的皮没破,小虫子到底是怎么进去的呢?

梦雅:"小虫子咬了一口就进去了,爬进去把它变成自己的家。"

老师:"可是外面的皮没有破啊,是怎么爬进去的呢?"

茗远:"肯定出问题了,我觉得它是悄悄滚进去的。"

语萱:"小虫子先爬进去,再把洞洞堵上。"

子轩:"会不会小虫子是从里面长出来的呢?"

豌豆的表皮没有破,可是里面却有小虫子,为此幼儿也觉得特别奇怪,小虫子到底是怎么进去的呢?难道小虫子是从里面长出来的吗?教师在网上查阅了相关的资料,知道了小虫子到底是怎么来的。

科普知识:为什么豌豆里面会长小虫子?

因为虫子的成虫在豌豆尚未收获前就将虫卵产在豌豆植株上,在收获时,其卵随收获的豌豆保存,到了条件适宜时就孵化变成小虫子。

科普知识:豌豆种子保存的方法。

① 保存的时候应该放到密封的空间,让虫子变成成虫后无法到处走动,或者因为缺氧而憋死,这样虫子就无法繁殖了。

② 一般用洗净、晾干的塑料瓶或者食用油的瓶子装豌豆种子。家里的米、面、豆都可以用这些瓶子装,注意一定要晾干,否则会发霉。

豌豆上面有小洞洞,那么其他的豆豆也会有洞洞吗?

豌豆种子在袋子里存放一段时间后,我们发现有的豆子里面会长出小虫子,然后上面就有一个小洞洞。于是孩子们提出了疑惑:"是不是其他的豆豆也会有小洞洞呢?"有的说会有洞洞,因为它们都是豆子,也有的认为只有豌豆会有洞洞,那么到底谁说的对呢?

带着这个疑问,老师让孩子们收集各种豆子,要求这些豆子是在家里已经放置一段时间的。在家长的协助下,第二天孩子们从家中带来了各类豆子,有蚕豆、黄豆、红豆、黑豆、绿豆等,基本上把常见的一些豆子都收集过来了。

《指南》科学领域中指出:当幼儿在活动中提出有探究意义的问题时,教师要支持、引导幼儿学习用适宜的方法探究和解决问题,或为自己的想法收集证据。幼儿在观察豌豆的活动中提出了自己的疑惑:是不是其他的豆豆也会有小洞洞呢?为了验证幼儿的猜想,教师鼓励幼儿从家中收集各类豆豆,并带到幼儿园来。

豆子"开会"啦!

老师把不同的豆子放在不同的盆子里,孩子们拿起一粒粒的豆子仔细观察起来。

梦雅:"老师,这是红豆、绿豆、黄豆。"

语萱拿了一粒黄豆问:"老师,这是大的豌豆吗?"

老师:"这不是大豌豆,这是黄豆,不一样的哦!"

玟昕:"绿豆上的洞洞蛮大的。"

梦雅拿起她手中的红豆给老师看:"红豆上也有洞洞,里面好像有一只黑色的小虫子。""是的。"听到老师肯定的回答,她很夸张地对旁边的语萱说:"语萱,我们

图16 观察豆豆上面的洞洞

快逃吧!"两人一起大声地笑了起来。

这时俊毅拿着一粒黄豆仔细观察,一个人自言自语地说:"为什么这粒黄豆上有两个洞洞,其他的黄豆都是一个洞洞呢?真好玩。"

子轩拿起了一粒蚕豆:"哇,我的蚕豆上有好多的洞洞啊!你们快来看。"旁边的几个小朋友听到了也纷纷拿起蚕豆开始找洞洞。

孩子们发现除了豌豆,其他的一些豆豆上也会有洞洞:绿豆、红豆基本上都只有一个洞洞;黄豆一般有一个洞洞,少数有两个洞洞;最特别的就是蚕豆了,蚕豆上有很

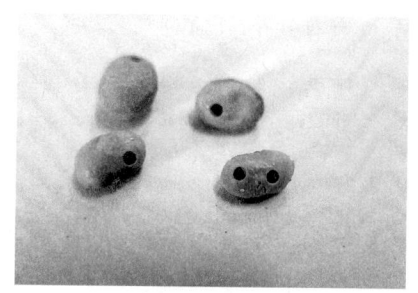

图17　大多数的黄豆上只有一个洞洞,其中有一粒黄豆上有两个洞洞

多的洞洞,有的甚至有五六个洞洞。并且孩子们发现有的洞洞虽然很小,但是里面也有小虫子。

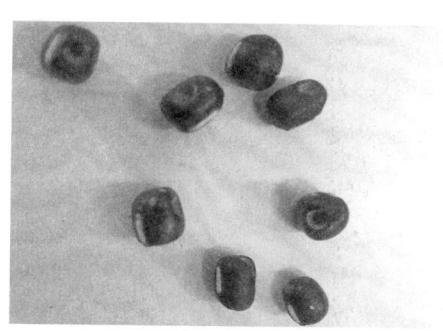

图18　红豆上只有一个洞洞

图19　别看绿豆小,有的上面的洞洞很大

蚕豆上有几个小洞洞?

孩子们发现蚕豆上面的洞洞特别多,那么到底有多少个洞洞呢?每一粒蚕豆上的洞洞数量是一样的吗?为了把这两个问题弄清楚,这一次老师的重点是让孩子们数一数蚕豆上有几个洞洞。

梦雅拿起了一粒蚕豆:"这是蚕豆,有时候我们(家里)喜欢炒着吃,有时候烧着吃。"

"好硬的蚕豆。"子轩拿着蚕豆说着。

"快看看,你们的蚕豆上有几个洞洞?"在老师的提示下,大家伙开始数自己蚕豆上有几个洞洞。

梓宸拿了一粒洞洞不多的蚕豆,直接告诉我们这个蚕豆上有两个洞洞。旁边的茗远拿的蚕豆洞洞比较多,只见他数得很认真,"1,2,3",数完一面后将蚕豆翻一面接着数,"4,5,6,哇,6个洞洞"。旁边的孩子听到了发出感慨:"哇,这粒蚕豆好多洞洞啊!"

图 20　蚕豆上面的洞洞数量最多,有的有五六个洞洞,洞洞的大小也是不一样的

老师:"每粒蚕豆上洞洞的数量是一样的吗?"

"不一样。"大家伙一起告诉老师。

"我的蚕豆上只有1个洞洞。"

"我的蚕豆上有3个洞洞。"

"我的有6个洞洞。"孩子们你一言我一语比较着洞洞的多少。

图 21　数自己的蚕豆上有几个小洞洞

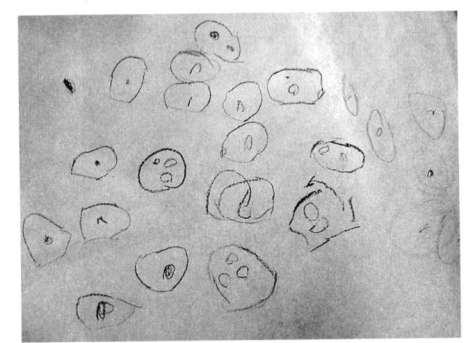

图 22　洞洞数量不同的蚕豆

在数蚕豆洞洞的过程中,幼儿发现每一粒蚕豆的洞洞数量是不一样的,有的洞洞数量多,有的洞洞数量少,有的一粒蚕豆上有好多的洞洞。在数的过程中,老师发现有的幼儿数得特别仔细,数完一面接着数另一面,这样就不会漏数了;有的幼儿数了一面,反面就忘记数了;也有的幼儿数着数着就跳着数数了。这说明幼儿存在一定的个体差异。

大小洞洞排排队

上次我们发现很多豆豆上面都有小洞洞,那么哪种豆子上面的洞洞最大,哪种最小呢?

孩子们拿起几粒不同的豆子开始比较起来。"我觉得蚕豆的洞洞最大。""我觉得黄豆的洞洞也很小。""那我们来给洞洞排排队好吗?"孩子们大声地告诉老师说好,于是老师要求每个孩子拿4粒不同种类的有洞洞的豆豆,比比看谁的洞洞最大,谁的最小,然后给豆豆排排队。

排队活动开始了,很多孩子按照老师的要求拿出了4粒豆豆,然后一粒粒地给豆豆排好队。大多数的孩子都是横向排队的,根据洞洞的大小一粒豆豆一粒豆豆地排排队;也有的孩子是竖向排队的。仔细看发现有的孩子虽然拿了4粒豆豆,但是有的豆豆上根本就没有洞洞;也有的孩子一下子拿了5粒豆豆,然后给豆豆排排队。不管选了什么豆豆,老师发现大多数的孩子都选了蚕豆,并且排排队的时候把蚕豆放在了第一个。

选豆豆的过程对幼儿来说也是蛮难的,因为同时要达到三个要求:① 选4粒豆豆;② 这4粒豆豆必须是不同种类的豆豆;③ 这4粒豆豆必须是有洞洞的豆豆。三个要求必须同时满足。有的幼儿在选的时候出现了数量错误,或者是选了没有洞洞的豆豆;另外在给豆豆排队的过程中,有的幼儿很认真地根据洞洞的大小排队,但有的幼儿根据豆子的大小排队,所以最终出现的结果有很多种。

图23 豆子洞洞排排队

图24 老师提供了6种豆豆,供幼儿选择

图 25 选了 6 种豆豆排队，但是有的豆豆上没有洞洞

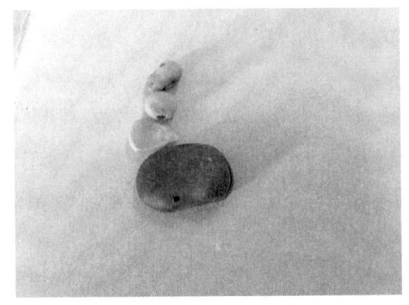

图 26 豆豆竖向排队

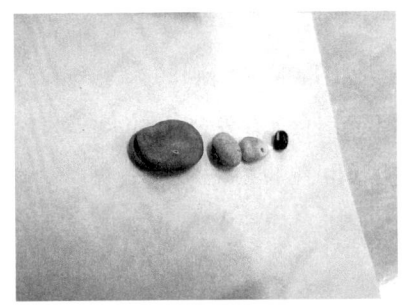

图 27 选了 4 种豆豆，并且将蚕豆放在最前面

图 28 随意选了 5 种有洞洞的豆豆排队

教师的感悟

原以为这只是一个简单的观察豌豆种子外形的活动，但是在观察的过程中细心的幼儿发现了豌豆上有洞洞的小秘密，一个个的小洞洞吸引了幼儿的注意力，引发幼儿进行了更加深入的探究：观察豌豆上的洞洞长什么样，数数豌豆上有几个洞洞，思考为什么豌豆上会有小洞洞，比较洞洞的数量和大小都是一样的吗，分析小虫子到底是怎么进去的，推理其他的豆豆上也有小虫子吗，等等。

幼儿的学习是主动建构的，围绕着豆豆、洞洞、虫虫生成了一系列活动，而老师作为一个引导者、旁观者、支持者参与其中。在这个过程中幼儿习得了相关的经验，特别是在科学领域方面，学会了观察、比较、思考、数数、推理、分析等，最终形成受益终身的学习态度和能力。

专家点评

"一沙一世界，一花一天堂。"小小的豌豆，小小的豌豆上的小小的洞洞，居然也可以生发出一连串这么多的惊讶与兴奋、探索和发现。可见，只要顺沿孩子好奇的眼光，这眼光的落点，哪怕看上去再怎么微不足道，都可以为孩子们打开一扇门窗，通向这个奥妙无穷的世界。驻足于孩子的眼光落点，俯身于孩子的兴趣所及，便时时可见课程故事发生的起点。《豌豆上的小洞洞》便是演绎了于细微处着眼而支架起一连串的发问、猜想并探究答案的学习经历。

从发现豌豆上的洞洞，数一数洞洞，到挖洞洞，发现小虫子，探寻虫子哪去了；从画豌豆，到挑豌豆，进而又发现"玻璃"洞洞。这一系列随情境变化而层层推进的探究，使孩子们的兴趣、思考与发现，得到了充分的释放与实现。

这里，可见幼儿教师教学智慧的几个亮点：其一，追随孩子的好奇心与发现。好奇心是探究发生的启动，发现是推进学习的奖赏。从孩子观察到豌豆上的小洞洞，到探寻小洞洞背后的秘密，教师追随着孩子的好奇心与发现，从而完成师幼相伴的共同探究。其二，及时地启发推进。豌豆上的小洞洞，为什么有的会是空的？虫子哪里去了？"玻璃"洞洞里的小虫子是怎么"钻"进来的？为什么有的豌豆就没有洞洞？这些及时与跟进的启发式提问，都是教师在引领着孩子思考与探究，步步深入。其三，支持孩子的行动。孩子的行动体验里载寓着的是学习的发生与契机。挖洞洞、画豌豆、挑豌豆等，这些活动环节提供了让孩子动手操作、身体力行的充分机会，于是孩子行动着，便是学习着。

"豌豆上的小洞洞"的课程故事里，记录下了孩子们一个一个探究学习的精彩片段。只是这故事的局部环节里，虽然讲述了孩子们是怎么探究的，而探究到了什么却语焉不详。倘若说，科学的问题终归要有科学的答案，那么，过程与结果达成统一，故事才会更完美。

（福建师范大学　丁海东）

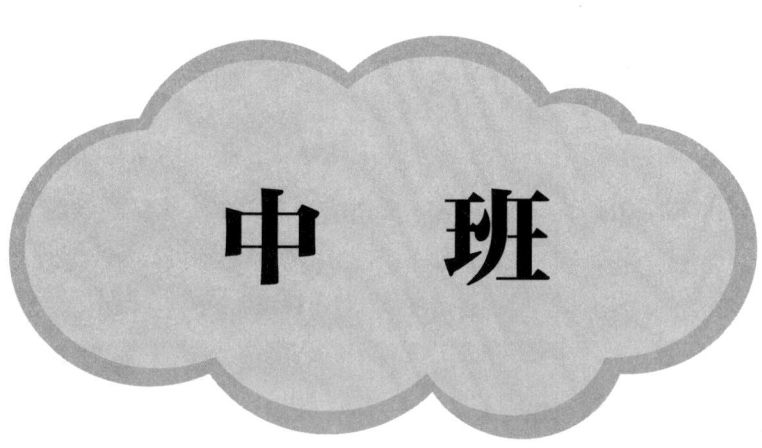

中 班

雾霾来了

江苏省南京市实验幼儿园　王　玮
持续时间：2018年11月至12月
年龄段：中班

缘起：十面"霾"伏

图1　十面"霾"伏

2018年冬季突如其来的一场雾霾让南京城一夜之间成了"雾都",这次雾霾持续时间长、污染程度重,给人们的生活造成很大影响,也引发了班级孩子们的关注。

早上,团团很遗憾地告诉老师:"今天又不能玩户外自主游戏了,因为有雾霾。"小马说:"我妈早上遇到堵车了,因为有雾霾看不清路。"小泽说:"今天我戴口罩来的。"小 Q 主动向大家展示自己来幼儿园路上戴的口罩："我的口罩是防雾霾口罩,可不是普通口罩哦。"其他小朋友纷纷拿出自己戴的口罩相互比较起来。小茉莉的口罩最特别,她说："我的口罩可以充电,里面有净化器。"

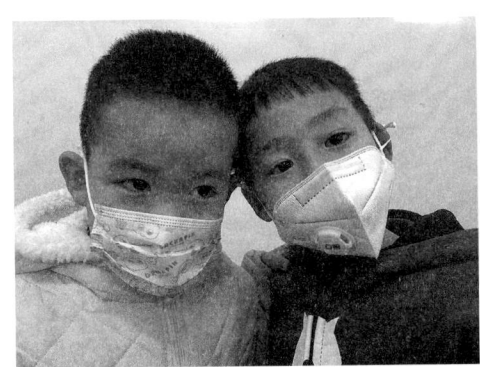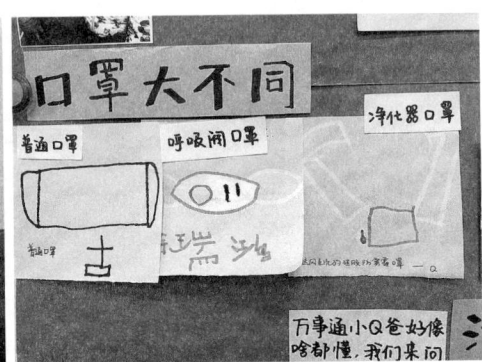

图 2 口罩大不同

雾霾引发的讨论

雾霾成了小朋友聊天的热点话题,大家各抒己见,究竟孩子们对雾霾有哪些了解与体验呢?

1. 为什么会有这样的天气

孙："有时候天气是不一样的。"

夏："因为空气变脏了,天冷就会形成雾。"

佑："因为云盖住了太阳,太阳照不进来,就形成雾。"

小 Q："细颗粒物(PM2.5)进入空气里,变成雾霾天。"

鸿："(雾霾是)燃烧小麦产生的烟变的。"

吉："北方的冷空气推过来产生的。"

姚："因为秋天、冬天就会有这样的天气。"

2. 这样的天气会带来什么麻烦

孙："会让我们身体不好。"

吉："不能出去玩。"

姚："(空气)越来越脏,小朋友会生病。"

夏:"鼻子会呼吸到不好的空气。"

佑:"开车看不清,会被撞到。"

黎:"出去玩要戴口罩。"

小Q:"会咳嗽。因为雾霾,我爸爸每天都让我看空气质量指数,以前在我家(集庆门)我们能看到鼓楼紫峰大厦,现在就看不到了。红色在指数200多时表示中度污染,紫色在指数300多时表示重度污染,爆表的灰色是极重污染。"

汪:"会咳嗽、淌鼻涕,会对身体不好;走在路上雾茫茫的,看不见太阳,看不见天空。"

图3 雾霾引发的讨论

雾霾的秘密

1. 雾霾从哪里来

雾霾就在我们身边,但它似乎很神秘,对于我们来说既熟悉又陌生,孩子们迫不及待地想揭开它神秘的面纱。于是,通过上网查找资料、请教在环保部门工作的家长,大家了解了雾霾形成的原因,原来工厂烟囱排放的气体、汽车尾气、焚烧垃圾产生的气体、工地渣土车扬起的灰尘等都会造成雾霾。

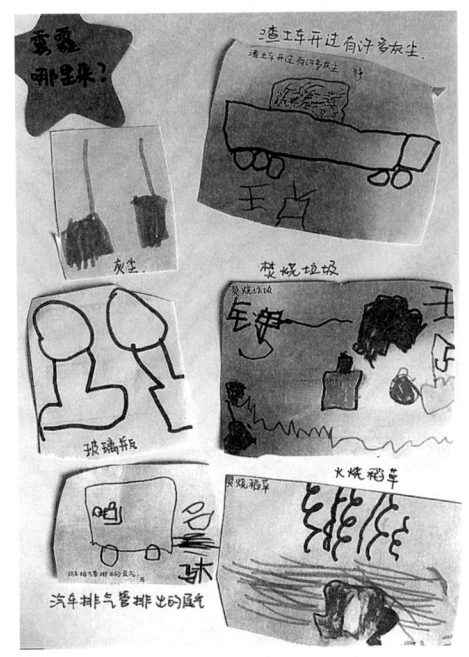

图 4　儿童海报:雾霾从哪里来?

2. 雾霾指数知多少

雾霾指数从哪里来? 雾霾指数也像温度一样可以测量吗? 用什么工具来测量呢?

小 Q 告诉大家他爸爸的办公室里有测量雾霾的机器,这个神奇的机器长什么样子? 又是怎样测量的呢? 我们请小 Q 爸爸把这台神奇的机器带到了我们的班级,原来机器上有一个屏幕,上面有许多我们看不懂的数字和字母。小 Q 的一句话解开了我们心中的谜团:"数字越小,空气质量就越好。"小 Q 还告诉大家他每天出门前都会让爸爸在手机上查看雾霾指数,如果雾霾指数高就要戴口罩和帽子出门。这的确是个很好的办法。小朋友提出他们也想在班级里放置一张"雾霾指数知多少"的记录表,每天请一位值日生负责记录当天的数据。但是我们中班小朋友还不太会记录 100 以上的数字,怎么办呢? 团团说:"我看见爸爸手机上天气预报显示雾霾严重时就会是红色,不如我们就用不同的颜色来表示不同的雾霾指数吧。"这的确是个好办法。大家讨论后决定用绿色表示空气质量优良、黄色表示轻度污染、橙色表示中度污染、红色表示重度污染、紫色表示空气污染已经爆表。还有的孩子提出可以用不同的表情图标代表不同的污染程度。这些巧妙的方法让我们不需要看懂那些复杂的数据,看颜色和表情图标就可以一目了然地知道当天的空气状况。

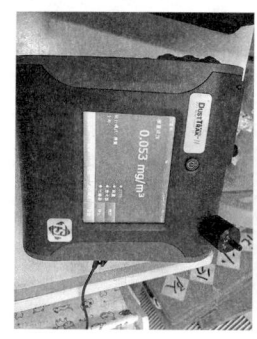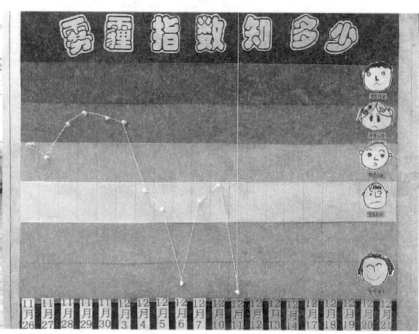

图 5　雾霾指数知多少

3. 活性炭小实验

"万事通"小 Q 爸爸除了带来了神秘的机器,还带来了一包神秘的"药包",它是做什么的呢? 突然,克克激动地说:"我爸爸车上就有,它能把有害气体吸走。""是的,这是一包活性炭,你们想看看它是怎么把有害气体吸走的吗? 我们来做一个小实验吧。"小 Q 爸爸说道。他取出炭

图 6　活性炭小实验

包里的活性炭颗粒,放进有烟雾的瓶子里,神奇的事情发生了:这个瓶子里的烟雾消失了。原来活性炭能吸附一些有害气体,很多空气净化器里就装有活性炭过滤网。

雾霾来了怎么办

1. 你有什么好办法

夏:"多吃木耳和海带能排毒。"

小 Q:"每天查雾霾指数,出门戴口罩、帽子。"

铮:"要每天洗头、洗澡。"
一:"不在户外玩很长时间。"
毛:"尽量少开车,我爸爸只要出门就要开车,我下次告诉他要少开车。"
克:"打开空气净化器。"
……

我们继续查找相关资料,找到了一些其他的防霾好办法:使用新风系统、防毒面具、活性炭,不乱扔垃圾,垃圾要分类,不浪费塑料袋,多吃木耳和海带等排毒食物。

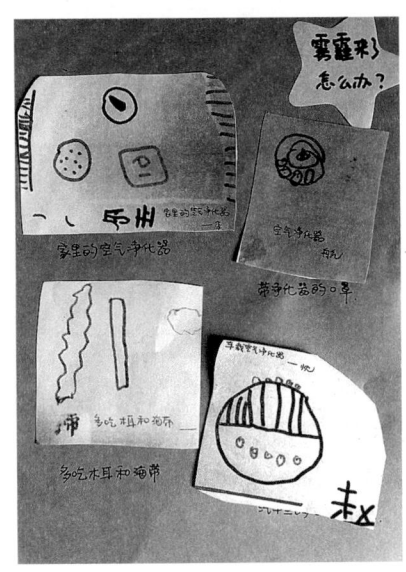

图7　儿童海报:防霾好办法

2. 环保小记者

这些好办法都能让我们在雾霾天气里保护自己,我们还想把这些好办法告诉爸爸妈妈,让他们也能好好保护自己,于是我们当了一次环保小记者,设计了调查表,将一些问题表征成图标,回家后采访爸爸妈妈,如:你的出行方式是什么?每天喝几杯水?每天吃几种水果?喜欢吃海带和木耳吗?每天是否有查看空气质量指数的习惯?出门会戴口罩、帽子吗?晚上几点睡觉?等等。然后把采访的结果用自己能看懂的方式记录在表格中,从而了解被采访人的生活饮食习惯是否健康、生活方式是否环保,并有针对性地提出自己的建议。爸爸妈妈可喜欢我们向他们提出的贴心建议了,都表示愿意改掉自己一些不健康的生活习惯。在幼儿园里,每当有客人老师走进班级时,孩子们都喜欢拿出自己设计的调查表去采访他们,把这些对付雾霾的小绝招告诉更多的人。

图8 环保小记者

研究小分队诞生了

保护环境、绿色出行、节约资源、低碳生活、垃圾分类成了这段时间班级里的热点话题,虽然这段时间说了很多,但做得不多,环保理念不能仅仅停留在口头上,更要落实在行动上,中班的孩子究竟能为保护环境做点什么呢?其实每个孩子都有自己最感兴趣的点,也有自己擅长的领域,何不放手让他们自己计划下一步的研究方向呢?大家围绕"我们的环保行为"话题展开了讨论。

七:"班级里现在只有一个垃圾桶,不够用,我想在美工区也放一个,小朋友用过的废纸是可回收垃圾,要分类扔。"

砳砳:"我会说快板,我们把防雾霾绝招编成快板表演给大家看。"

小马:"我家有很多废旧纸盒,我想用纸盒把自己打扮成铠甲勇士。"

一:"我妈妈去菜场买菜总带回来很多塑料袋,好浪费。"

毛:"我以后出行尽量选择公共交通。"

…………

在大家你一言我一语地热烈讨论中,四个研究小分队诞生了:环保服装秀、环保剧场、变废为宝、快板。

图9　四个研究小分队

1. 环保服装秀小分队

美工区里,环保服装秀小分队的小朋友找来了各式垃圾袋、废旧光盘、碎卡纸、锡纸忙活起来,各种材料被设计成形态各异的图案粘贴在垃圾袋上。有的变成了"小背心",有的变成了"迷你短裙",还有的变成了长长的"连衣裙"。散步时捡到的黄色、红色落叶也派上了用场,变成了"连衣裙"上的漂亮花纹。豪豪还用自然角里的稻草做成了别具风情的"夏威夷草裙"。

  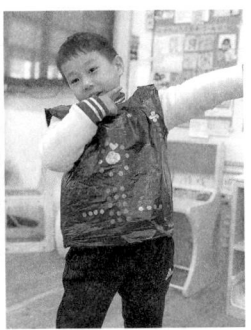

图10　环保服装秀

2. 环保剧场小分队

环保剧场中,几个小朋友扮演爸爸妈妈和宝宝,打算把外出购物的情境表演出来,但是其他人还不知道即将上演新剧目,怎么办呢?一名小分队成员设计了环保剧场的剧目海报,将他们自导自演的两个情景剧绘画出来,张贴在舞台背景板上,立刻吸引了许多观众来观看表演。情景剧中"妈妈"用环保袋购物的情境引起了小观众的共鸣,大家都说回家后也要告诉爸爸妈妈多用环保袋少用塑料袋;小朋友踩到被自己乱扔的香蕉皮而滑倒的场景让大家捧腹大笑,大家在被逗乐的同时也在思考生活中的垃圾该如何分类。

图 11　环保情景剧《多用环保袋少用塑料袋》《垃圾不乱扔》

3. 变废为宝小分队

变废为宝小分队的小朋友养成了收集生活中废旧物品的习惯,常常带来一些瓶瓶罐罐和废旧纸盒放进班级的"百宝箱"里。乐乐和小月还用纸盒和薯片罐制作了自己的生肖——小马。还有的小朋友在家和爸爸妈妈一起用废旧材料制作了"小猫钓鱼""桌上足球""愤怒的小鸟"等许多好玩的游戏材料和生活用品。

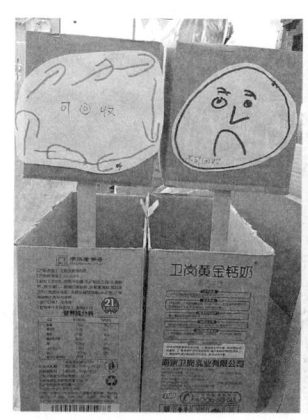

图 12　变废为宝:垃圾分类箱　　　图 13　用废旧材料自制小马

4. 快板小分队

语言区里,小朋友们你一言我一语地将这段时间了解到的防霾小绝招串联成了儿歌。砳砳从家里带来快板,边念儿歌边打快板。其他小朋友觉得很有趣,也找来积木、罐子敲敲打打起来。大家还给快板儿歌取了名字,叫作《环保小提醒》。

　　戴口罩，不吸脏空气，

　　戴帽子，头发很干净，

　　多吃水果和蔬菜，带走身体脏东西，

　　进屋先洗手，不长留户外，

　　多喝水、早睡觉，

　　快快乐乐玩游戏、玩游戏！

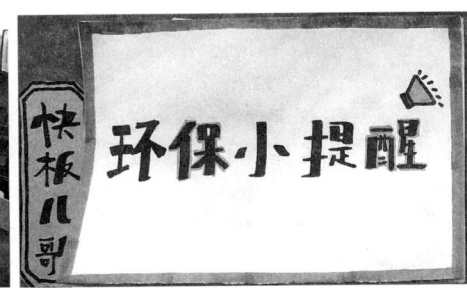

图 14　快板儿歌

教师的感悟：拨开"雾霾"重见"天日"

　　对幼儿来说，"雾霾"是未知的，只知其果不知其因；对教师来说，"雾霾"主题活动是模糊的，如何引导幼儿自主发现探索这些晦涩的知识也是一个难题。随着以儿童为中心的"儿童海报"的融入，幼儿自觉地采取简单直观的方式记录下了自己的精彩发现，多元化的海报形式和内容成为他们展现自己"环保智慧"的舞台，教师也在期间极大地启发、支持了幼儿。通过本次主题活动实施，我们能够获得以下一些感悟。

1. 以有选择、有价值的经验引领主题发展目标

　　张雪门课程理念提出：幼儿园课程是经过选择的有价值的经验，是儿童的直接的实际的行为和活动。为儿童发展所选择的经验，必须具有社会意义，同时又必须适合儿童发展的需要，但首先应从儿童的生活环境中搜集材料。

　　雾霾的探究活动从生活中来，从生活中开展，也延伸到生活中去，因此从

我做起、从身边的小事做起关注身边的环境,为环境保护做力所能及的事就是该主题的意义和价值所在。

2. 从自我建构、不断生发的经验中落实幼儿的想法

关于雾霾的每一次讨论,幼儿都通过图式表征的方式记录下来。从猜测雾霾形成原因的表征图示、雾霾指数知多少预报表中的表情图标到环保小记者的采访表设计,再到《防霾好办法》的海报设计都展现了孩子在探究过程中思维水平的变化与提升,他们能用一定的方法验证自己的猜测,使获得经验的过程成为循环往复,不断积累、上升的过程。

3. 从行动中所得的认识才是真实的知识

孩子们通过各种形式为保护环境做力所能及的事,自发讨论环保情景剧的剧本内容,到美工区中利用多种材料制作环保服装,用自信的快板表演《环保小提醒》向他人宣传环保理念,以及在生活中利用废旧材料变废为宝,这些都是幼儿在行动中自由探索的过程,从中初步感受人们的生活与自然环境的密切关系,从小事做起爱护身边的环境。

4. 课程的延续性和可持续发展

未来世界将由这些孩子去改变、去创造,那时的他们将面临什么样的生活环境的确是我们当下值得思考的问题。注意节约资源是一种健康的生活态度,若能在幼儿期的记忆中埋下低碳环保、健康生活的种子,这些理念将会让孩子受用一生。

让这些环保理念和举措能够面向更多的人群、辐射更广的面积才会更有意义,所以后续我们还会将这个主题中的海报在园内展览,邀请小班弟弟妹妹、大班哥哥姐姐、同年级其他班观看宣传海报、欣赏环保表演,还可以在社区内开展公益宣传表演,以促进班本化主题的可持续发展。

专家点评

　　生活是课程的源头和基础。幼儿所能感知着的生活现象及变化，引发了他们探究与学习的兴趣。面对突如其来的一场雾霾，孩子们对此好奇、讨论、探秘，乃至指向"环保"进行分组活动。于是，"雾霾来了"这一课程故事，应景而生，顺势而为，鲜活而真实地得以上演。

　　"雾霾来了"的故事中，孩子们经历了从一开始的"怎么会有雾霾""带来什么麻烦"的谈论及迷茫，到"雾霾从哪里来"的资料查询、关于雾霾天气的记录行动、活性炭小实验的科学探究，完成了对于雾霾的初步探秘，然后是"雾霾来了怎么办"，以探寻预防雾霾危害的好办法，最后是各种兴趣化的小组活动，让关于环保的经验得以延伸。

　　"雾霾来了"的课程故事中，可见教师作为教育者的专业智慧与高明。其一，课程生成紧贴生活的情境与真实。从一场雾霾的发生所引发的幼儿谈论开始，到围绕雾霾及其与日常生活关系的探究，都紧贴着孩子所感知和经历着的环境与现实。其二，课程推进中适应幼儿的兴趣与节奏。围绕着雾霾这一主题，故事着墨于幼儿的行动与表现，但始终可见教师跟进幼儿兴趣与探究的自觉与用意。"雾霾来了"的诸多片段，都饶有趣味。课程的生动与有趣，从来都根植于师幼的和谐互动和共同创造，而非教师单方面生硬的牵引。其三，家庭课程资源的适宜调动。家长参与及相关资源对于课程建设及幼儿的学习甚为重要。该课程故事里，检测和记录雾霾指数的仪表的借用，为探寻和宣传防治雾霾的方法开展的"环保小记者"活动，都可见教师对于家长资源的调动和运用。

　　作为一例课程叙事，"雾霾来了"其清晰的主题线索，逐步的行动推进，递进的认知拓展，让幼儿的学习过程及其片段都跃然于纸上。关于雾霾的课程故事，因不拖沓而明快，因不冗长而精美。

（福建师范大学　丁海东）

葫芦成长记

江苏省南京市香山路幼儿园　欧　南
持续时间:2018年3月至9月
年龄段:中班下学期至大班上学期

缘　起

小班下学期的一次散步活动中,孩子们在小蜜蜂农场里发现了一个绿色的葫芦,他们对这个葫芦果实特别感兴趣,很好奇葫芦是怎么长出来的。

到了中班下学期,幼儿园的小农场要开展新的种植活动,孩子们一下子就想到了葫芦,"老师,我们可以种葫芦吗?""葫芦是怎么长出来的?"大家的好奇与期盼让葫芦奇妙之旅拉开帷幕。

认识葫芦

葫芦长得都是一样的吗?有的小朋友说肯定是一样的,有的小朋友说不一样。为了验证大家的猜测,老师鼓励孩子们去寻找葫芦。孩子们利用周末时间,与爸爸妈妈们一起到南京夫子庙、老门东等处具有特色的小店里,寻找各种各样的葫芦,并在班级微信群里及时分享了寻找到的葫芦的照片。周一,大家将带来的实物与照片向小伙伴们展示并分享。

图1　街边寻找葫芦　　　　　　　　　　图2　分享自己的发现

彤彤:"这个葫芦像毛毛虫一样一节一节的。"

小雨:"这个葫芦像南瓜灯一样有长长的把手。"

冰冰:"我找到的葫芦长得像葫芦娃动画片里的宝葫芦。"

臭臭:"我还找到过像大南瓜一样圆圆的葫芦。"

皮皮:"我找到过长得像天鹅一样的葫芦。"

……

以幼儿感兴趣的问题为着力点,教师给予幼儿充分的肯定与支持。亲子寻找葫芦可激发幼儿对葫芦的情感由喜爱到了解。幼儿将搜集的葫芦实物与照片进行展示,进行个体经验的相互交流,可充分激发想说、敢说、喜欢说的兴趣,锻炼在同伴面前大胆讲述的能力。

意外得来的葫芦种子

一天,浩宇拿着一个葫芦不经意地摇了起来,突然听到里面有"呼噜呼噜"的声音。他好奇地问:"葫芦里面怎么会有声音?""是石头。""是沙子。""是小葫芦。"……大家纷纷说出自己的猜测。"那有什么办法知道葫芦里藏着什么呢?"老师问。浩宇说:"打开来看看?""那怎么打开呢?"老师又问。大家思索了一会儿,彤彤说:"用剪刀剪开。"叮叮说:"用石头砸开。"当当说:"用脚踩开。"

孩子们到处寻找工具。有小朋友找来区角里的剪刀,将剪刀口张开使劲在葫芦上来回划动,有小朋友在农田里找来了小石块,在葫芦身上使劲砸,葫芦却丝毫没有反应,即使好几位小朋友一起帮忙,还是没能打开。

这个时候,浩宇直接把葫芦放在地上一脚踩了上去,葫芦一下子滑到了旁边,他没有放弃,又找了一个小一点的葫芦,看准后抬起脚后用力往葫芦身上一踩,"啪"的一声,葫芦壳竟然裂开了,里面竟然藏着一颗颗的葫芦种子。

幼儿猜测葫芦里可能有的东西,老师没有直接告诉他们葫芦的种子藏在其中,而是引导幼儿尝试各种方法自己将葫芦打开。幼儿多次尝试失败后调整方法,最终打开了葫芦,并意外获得了葫芦种子。

图3 发现葫芦种子

大家一起种葫芦

1. 点种葫芦籽

意外获得葫芦种子后,孩子们迫切地想去种葫芦。"葫芦种子怎么种下去呢?"孩子们提出了新的疑问,他们商量后决定请教菜园伯伯。

叮叮:"汤伯伯,以前我们种蔬菜都是抓一把种子直接撒在土里就可以了,这次的葫芦种子还是直接撒在土里种吗?"

汤伯伯:"葫芦籽不是撒种,是点种。"

小家伙们赶紧问汤伯伯:"什么是点种?"

汤伯伯一边示范一边讲述了点种的正确程序:先挖坑,再铺肥,接着盖土,再放种子,再盖土,最后浇水。大家发现点种比撒种步骤更多也更难。汤伯伯还以一首朗朗上口的点种儿歌帮助孩子们掌握点种的顺序:挖坑铺肥盖上土,放进种子再盖土,最后别忘浇上水。

图4 菜园伯伯示范点种

向菜园伯伯请教后,孩子们开始绘制自己的葫芦种植计划。画好葫芦种植计划后,他们迫不及待地开始种植葫芦了。首先孩子们自主选择了队友,商量使用哪些工具,以及探讨怎样使用这些工具。确定方案后孩子们去工具棚找到了铲子、耙子、水壶,来到自己之前选好的地点开始了点种。挖坑时,有的小朋友用铲子向下按压将土铲开,有的小朋友用耙子放在土上来回扒,然后又换上铲子将坑挖得更深一些……

孩子们通过模仿菜园伯伯的操作以及朗朗上口的点种儿歌顺利完成了葫芦种子的点种。

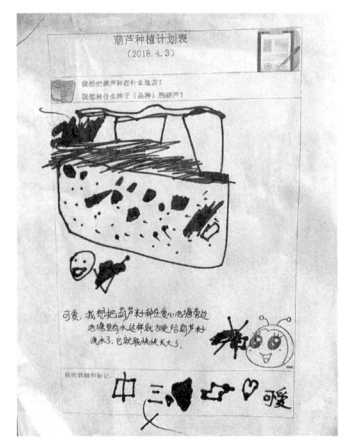

图5　葫芦种植计划表

2. 测量叶子

葫芦叶子长出来了。每天散步时,孩子们都发现叶子比前两天大了许多,"那到底叶子长大了多少呢?"一个孩子提出了疑问,立即吸引了其他孩子探究的兴趣。可爱说:"我们可以量一量。""用什么量?"老师问。"尺子?""回形针?""毛线?"……当大家讨论平时测量用的各种工具时,小雨跳起来说:"我们全景数学操作盒子里有很多的小立方体。"她的提议得到了其他孩子的响应,孩子们纷纷回到教室拿出小立方体测量叶子。

图6　用可连接立方体测量叶子

当天晚上在班级微信群里,孩子们分享了很多和爸爸妈妈讨论后的测量办法。皮皮说:"把回形针串起来变成长长的一串给葫芦叶子测量。"臭臭说:"用一根毛线拉一拉,叶子长到哪里就把毛线剪下来,再用尺子量一量剪下来的毛线有多长。"……

在与家长的探讨中,孩子们学习了更多非标准测量物进行测量的方法,如利用回形针、毛线、毛根、纸条、小立方体等,拓展了测量的经验。测量中,孩子

图7 测量记录表

们还将每一次用了什么材料,用了多少个材料进行了详细记录,再与前一次记录形成对比,分析前后数据的不同,在生活实践中形成了具体、直观的数概念。

孩子们用非标准测量物连续三周对叶子进行观察测量记录活动,这是一种持续性的观察活动,孩子们在持续观察中发展了细致观察的能力,通过观察、比较、分析,发现了不同种类物体测量的特征和叶子前后的变化。

3. 搭架子

葫芦叶子和藤蔓越长越长,都拖到地上了。一天清晨,可爱发现自己种的那株葫芦被小朋友踩烂了叶子,她伤心地哭了。彤彤安慰她说:"我们幼儿园的西红柿和黄瓜也有很多叶子,它们怎么没有被踩到呢?一定会有办法的。"浩宇说:"我发现它们的叶子

图8 观察西红柿和黄瓜的架子

图9 孩子们设计的三根竹竿的葫芦架子

都爬到了架子上,所以没有被踩到。"叮叮说:"我们也可以学一学让葫芦的藤蔓和叶子爬架子,这样它们就不会被踩到了。"

带着这个问题,孩子们来到西红柿和黄瓜地周围,仔细观察这两种植物的架子,他们发现每一株植物周围都有三根竹竿。回到教室后,孩子们按照看到的样子设计了三根竹竿的葫芦架子,只有可爱按照自己的想法设计了一根竹竿的架子。但是老师没有因此否定可爱的想法,而是支持了她的想法。

孩子们按照设计图给自己的葫芦搭好了架

子。可爱将一根竹竿直直地插在自己葫芦叶子旁作架子,一场大雨过后她的竹竿倒了,而其他小朋友用三根竹竿搭的架子安然无恙。她没有说话,而是围在自己的葫芦叶旁边观察了很久,慢慢地将自己的竹竿捡起来插在土里,这一次她没有直直地插进去,而是将竹竿稍微倾斜插进土里并将竹竿的上半部分靠在了旁边的凉亭上。

老师:"可爱,你有办法了?"

可爱:"之前我的竹竿直直地插在土里,因为周围没有可依靠的,所以大风一吹竹竿就会倒。"

老师:"那这次你是怎么做的呢?"

可爱:"这次我把它斜着插进土里,上面那头靠在小凉亭旁边,这样应该不会被风刮倒了。"

图10　第一次将竹竿直直地插入土中

图11　第二次将竹竿斜着插进土里,并将竹竿上面那头靠在凉亭上

其他小朋友看到可爱的举动后还是觉得她的竹竿会倒,我让他们过一段时间再来观察。一段时间之后,一根竹竿的架子不仅没有倒下,葫芦叶子反而长得特别茂盛,还爬上了架子。搭三根竹竿架子的孩子们说:"我们的架子也很稳,没有倒下来,葫芦叶子也爬上去了。"还有的孩子说:"叶子上有很多卷卷

的须子紧紧地缠在架子上。"

孩子们通过亲身操作验证了三根竹竿架子的稳定性,同时发现一根竹竿架子只要调整方向并借助一些依靠也具有稳定性并能让葫芦爬藤。孩子们通过仔细观察还发现了葫芦爬藤的方式是把卷须缠绕在架子上。

葫芦快长大

1. 暑期照料葫芦

到了六月份,葫芦藤蔓上开出了白色的小花,在小花的下面结出了一个个小小的葫芦,孩子们看到自己种下的葫芦籽长出了小葫芦,开心得又蹦又跳,更加小心翼翼地呵护着自己的葫芦。

可是问题又来了:"马上放暑假了,谁来照顾葫芦?"

"我们可以轮流值班,在日历上进行标注。"

"对,我们可以(在日历上)把自己想值班的那一天写上自己的名字。"

"我们可以约几个小朋友同一天来,这样大家还能一起照顾小葫芦。"

图 12 葫芦结果实了

图 13 志愿者暑期照料葫芦

在暑假两个月的时间里,大家制定了值班计划表,家长与孩子们按照约定的时间来到幼儿园,积极参与葫芦的照顾与收获活动。有的给葫芦浇水、除草,有的用剪刀为葫芦修剪枯败的藤蔓,还有的看到葫芦长得很大了就进行了收获。暑期收获的葫芦是翠绿翠绿的,孩子们有的用皮尺给葫芦测量高度,有的用小秤给葫芦称重量,还有的甚至用剪刀将葫芦剖开,发现新鲜葫芦里面不仅有水分,葫芦的籽还是奶白色、软软的呢。

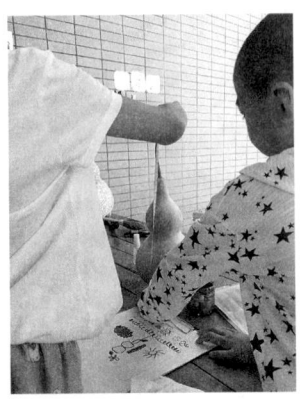

图 14 测量葫芦的高度

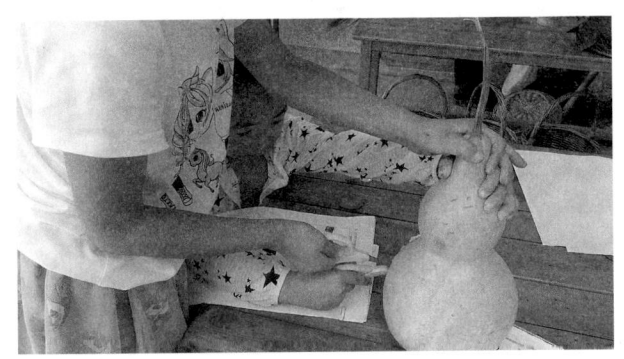

图 15 剖开葫芦

暑期照料活动中,大家都积极进行记录并与同伴一起分享自己的发现。虽然暑期很炎热,但是大家对于照顾和采收葫芦的兴趣依然不减,孩子与家长们一起见证了葫芦的生长与收获。

这是一个家庭互动的良好契机,家长积极参与到暑期活动中,不仅能够与孩子建立良好的亲子关系,还能了解孩子们研究葫芦的一系列过程。家长积极参与,可支持孩子在大自然、实际生活和具体现象中,积累有益的直接经验和感性认识。

2. 开学后收获葫芦

开学后,孩子们发现那些没有收获的葫芦颜色开始变深,最后变成了咖啡色,个头也变小了许多。

"老师,这个葫芦怎么跟我们暑期看到的葫芦不一样?""有什么不一样的呢?"老师问。"它是不是枯萎了?""怎么比暑期看到的葫芦要小呢?""葫芦肯定是变老了。"其中一个孩子说道。大家一致决定收获剩下的葫芦。在收获中,孩子们有了进一步的发现:葫芦藤蔓变成了咖啡色;葫芦叶子变得一碰就碎;葫芦的皮有些粗糙,没有那么光滑了;葫芦的壳干干的,挤不出水来。

图16 用剪刀收获剩余的葫芦

孩子们通过两个时期葫芦果实的对比观察,发现暑期收获的葫芦与开学收获的葫芦在外形、大小、颜色、触觉等方面有着极大的不同。他们能用语言详细地描述,在这一过程中孩子们的细致观察能力以及理解能力都得到了提高。

3. 葫芦的再利用

收获下来的葫芦可以做什么呢?大家讨论得热火朝天。

"我们可以放在造型艺术馆自然物区做东西。"

"可以放在玩色区绘画。"

"可以放在户外娃娃家当作食物。"

"可以放在自然物区拼搭做各种造型。"

…………

图17 在美术馆对葫芦进行艺术创作

在艺术创作的过程中,孩子们又收获了亲手栽种的葫芦里颗颗饱满的葫芦种子。在这一刻孩子们理解了生命的循环往复。

4. 公众号推广

为了将孩子们与葫芦之间发生的有趣故事以及孩子们在这其中的成长、变化、收获分享给更多的人,老师将孩子们的活动过程进行了梳理和提炼,以图片和文字的形式进行了幼儿园公众号的推广,通过现代信息技术手段将孩子身边发生的有趣故事展现在更多幼教同仁以及家长面前,让更多的同仁了解我们幼儿园的课程研究内容,让更多的家长了解孩子们在园里的学习与生活。

图 18 在微信公众号介绍我们的故事

教师的思考

"葫芦成长记"是从中班下学期到大班上学期的一个关于种植的探究活动。在这个活动中幼儿表现出了学习热情、好奇心和探究欲。从认识葫芦—获得葫芦种子—播种—管理(搭架子)—收获葫芦—艺术创作—再寻葫芦种子这一生命周期循环的系列活动中,幼儿的知识经验不断丰富、积累。他们有了强烈的探究意识,并学会用各种方法验证自己的猜想,逐步明确和修正自己的观点。

在活动中幼儿还发展了亲近大自然的行为,学会了关心、照顾自己的葫芦,在葫芦成长的过程中,感受到了生命力的顽强与伟大。他们想要保护这个生命,为了让这个生命茁壮成长,他们想办法搭架子帮助葫芦爬藤、开花、结果,同时暑期里不间断照顾葫芦的生长。幼儿在一次次与葫芦的亲密接触中,与葫芦建立了深厚的感情。从一颗葫芦种子到结出真正的葫芦果实,幼儿内心是愉悦的、澎湃的,也从中学会感受生命、了解生命、珍惜生命。

幼儿通过亲近自然、探索自然、触摸自然、融入自然,积极尝试和自然世界建立更深层次的联系,并为此不断地学习,他们对自己的尝试和发现非常有信心,成功后也非常兴奋,乐意与同伴、老师分享喜悦。这种成功和分享促使幼儿在学习中更加投入,进而在深度学习中不断提升自身成长所需要的核心经验。

在整个活动中老师能放慢脚步,不断地观察儿童、追随儿童,满足儿童的需求,激发儿童的探究热情,真正成为儿童的引导者、支持者。

专家点评

亲近自然是幼儿的天性。对于生活在城市中与自然的距离越来越远的幼儿,幼儿园通过种植活动重建与自然的联结对于幼儿的身心健康发展具有十分重要的意义。与观赏植物不同,种植活动中幼儿的参与度较高,在该主题案例中,幼儿参与了取种、点种、搭架子、施肥、浇水、修剪藤蔓、收获葫芦及利用葫芦的全过程,整个过程包含了幼儿的动作参与、认知参与和情感参与,有利于发展幼儿对葫芦类爬藤植物的认识,发展幼儿对植物的耐心和爱心,培养幼儿对劳动的情感和劳动能力,锻炼幼儿的大肌肉动作,同时可以拓宽幼儿的生命心理空间,帮助幼儿感受和理解其他生命的变化。

在幼儿园各种类型的主题活动中,由于植物生长是一种不以人的意志为转移的自然过程,种植活动往往是耗时最长的主题,该主题历经7个月,跨越了两个学期,包含了一个假期。虽然故事中并未提及与葫芦主题同时开展的其他主题,但可以推测在葫芦主题开展的同时,一定有其他主题也在开展,因为仅仅种植葫芦并不能撑满幼儿在园5个月的所有时间。两个主题并行开展是幼儿园主题活动组织的一种情况。教师们不必自限于所谓主题一般开展三至五周的"规则",主题活动时间跨度应根据具体内容具体确定。

此外,在幼儿园诸类课程资源中,种植园地是一个高负载性资源,可以给幼儿带来极其丰富的经验,表现在植物自身的生长变化、植物生长变化与生长环境及照料条件的关系、园地土壤中会有其他小虫子出现、植物本身也会吸引其他小动物靠近、种植的收获可供人和其他动物食用等。幼儿园在利用种植资源开展课程时,可不限于种植的对象,可以更加充分地挖掘和利用相关资源。

(南京师范大学　原晋霞)

毛茸茸的树

江苏省苏州幼儿师范高等专科学校附属花朵幼儿园　宋施萍

持续时间:2018年9月至11月

年龄段:中班

缘　起

九月末的一天早晨,孩子们正在大型玩具游戏区活动,有一小群孩子围在一棵树旁叽叽喳喳地说着什么。老师走过去一看,原来是他们在围墙角发现了一棵奇怪的树。这棵树树干笔直,没有枝丫,树干上长满了一丝一丝细细的黑色的毛,树干顶端有一片片大如蒲扇的树叶。

孩子们七嘴八舌的声音吸引来更多的小朋友,大家都围着这棵奇怪的树,有的看看,有的摸一摸,还有的拔下树上的毛仔细地研究起来。

孩子们对这棵树产生了浓厚的兴趣,围绕着这棵长得毛茸茸的树,提出了很多疑问,也引出了一系列有趣的活动。

图1　发现一棵奇怪的树　　图2　轻轻触摸树上的"毛"

它到底是棵什么树？

回到教室后，大家争先恐后地和老师分享他们对这棵树的看法。

——它是一棵椰子树，树上的毛像鸟窝一样。

——它是一棵香蕉树吗？它的叶子很细又很长。

——它是一棵刺树，它的叶子是刺刺的。

——我发现那棵树有好多须须头。须须头像细细的头发，像大人胳肢窝里的毛，还像爸爸的胡子。

——我看到那棵树有头发。它身上树叶的刺像缝衣针一样。

——它是一棵毛茸茸的树。

——它上面的叶子像刺一样，有一种树也有尖尖的像刺的叶子。下面的毛长得有点像蜘蛛丝。我猜它是一颗绿绿的种子，然后长呀长，长这么大。它像泥树，因为它上面的丝像泥巴的颜色。

——那个有点像小果子树。我觉得有点像一个怪兽，毛毛刺刺的。我觉得可以用它搭一座房子。

——我觉得它像男生的树，男生可以爬，女生爬不上去。

这棵浑身长着长毛的树到底是棵什么树？大家对这个问题非常好奇。老师没有直接把答案告诉大家，而是让大家自己想办法去寻找答案。有小朋友建议用拍照片的方法回去请教家长。上次寻找幼儿园春天的植物时，大家就使用过这个方法。他的建议得到了大家的响应。

第二天，一些小朋友带来了照相机和手机，在老师的带领下又来到了这棵毛茸茸的树旁，咔嚓咔嚓地对着树拍照片。回到教室，老师请小朋友们把自己对于这棵树的疑问都画出来，同时也帮助他们写下自己的疑问，如：这棵树叫什么名字？它身上的毛有什么用？为什么它身上会长毛？它怎么长这么高？它会开花吗？它是怎么长在幼儿园的？它的树叶在哪里？

老师给大家布置了一个任务：用两天的时间完成一张关于这棵树的调查表。可以给家长看照片求助，也可以去找书，或者上网查找资料，用绘画或贴图片的方式将自己的发现记录在调查表中。两天后，大家都找到了答案，并分享了他们在家长的帮助下完成的调查表。

这棵毛茸茸的树叫棕树,这是孩子们调查出来的结果。分享调查表时,孩子们能在集体面前大胆发言,说出自己的调查结果,连平时很内向的孩子也能轻声说出调查的结果是棕树。

当一部分幼儿产生好奇与疑问时,教师没有直接解答,而是让好奇扩大到班级的每一位幼儿,引导他们自己想办法寻找答案,充分调动幼儿学习的积极性。

教师对于孩子们可能会探索的方向进行预设并为此做了一些准备,同时也与家长进行沟通,让他们知道幼儿近阶段在干什么,对幼儿的研究活动予以适当的支持,如帮助幼儿制作调查表。教师把幼儿在讨论中的童言稚语记录了下来,也让家长了解幼儿的想法,能在家庭中给予更好的指导。

图3 "毛茸茸的树"调查表

棕树"腰围"有多粗?

为了加深孩子们对棕树的印象,一天中午,老师和孩子们又一起去看棕树了,这回大家直接叫它棕树了,可仍有几个小朋友喜欢用"毛茸茸的树"称呼它。这时元宝想知道幼儿园的棕树有多粗,堂堂建议他可以用积木圈穿起来围着测量南瓜的方法测量棕树。于是大家回到教室拿着一根根长长的积木圈穿成的条,要给棕树量"腰围"。

——我测出来是15个积木圈。

——我的是13个。

——我的是16个。

为什么同一棵树测出来的积木圈数量是不一样的呢?

——是因为我们测的地方不一样,我测的是中间,小满测的是最下面。

——下面的粗一点,上面的细一点。

——我测得很紧的,可是轩轩量得松。

针对测出来的棕树"腰围"不同,大家说了很多自己的想法。小毅建议,要在同一个地方测量结果才会一样。大家决定在棕树离地1米高的地方,也就是他们站立时测量的最佳位置,在这个地方贴上标记,定为棕树的"腰围",再测量一次。

这次大家测量的结果都差不多。回到教室,老师请孩子们记录下自己的测量结果。大家决定把自己测量棕树的事情,用成长日记的方式画下来。阳阳迟迟不肯动笔,老师

图4 测量棕树的"腰围"

问了他原因,他说自己不会画棕树。有几个孩子也苦恼自己画得不像棕树。下午,老师鼓励大家带上自己的素描本和画笔去棕树旁写生,把棕树长什么样子画下来。大家围着树席地而坐,不时地抬头看看棕树的样子然后画下来。孩子们观察得很仔细,也画得很认真。阳阳画出了棕树上密密的毛,堂堂画出了像尖刺一样的树叶,嘉嘉画出棕树上结出的小果子。每个人都对自己绘画的作品很满意。

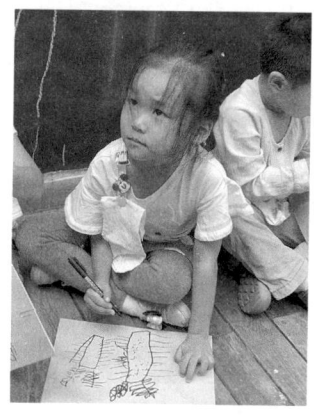

图5 细致地观察棕树

图6 幼儿的写生作品

中班幼儿开始运用非标准测量工具比较物体的长短、粗细、高矮、远近等。在这次测量中幼儿使用了积木圈作为测量工具,当出现测量数据不一致的时候,也能积极寻找问题出现的原因,统一标准,完成测量。

在用绘画的方式记录测量棕树"腰围"这件事情时,出现幼儿不会画棕树的情况,教师带领幼儿进行了写生,用实地观察、绘画的方式解决了这个问题。

棕树有什么用处?

测量了棕树后,大家对于棕树的了解更多了。这时老师在班级里的橱柜、墙面投放了蓑衣、棕毛扫把、蒲扇等棕树制品,期待着孩子们的发现。

第一天,孩子们只是好奇地看看。

第二天,没有人去关注。

第三天,教师又投放了一些棕片和棕绳。青青在橱柜上发现了新投放的棕片,他和好朋友阳阳一起看棕片。他们看看、摸摸,阳阳对老师说:"这和棕树身上的毛长得好像。"又指着蓑衣问:"这个是衣服吗?"

"这个也是棕树变出来的吗?"嘟嘟指着一把扫帚问道。"还有这个?"他又指指蒲扇问老师。

老师告诉他们,这些东西都是用棕树做出来的。棕树虽然长得奇怪,可是浑身都是宝。老师问大家:"棕树还有哪些用处呀?大家可以回家问问爸爸妈妈。"

对于棕树的用处这个问题,大家都带来了自己的答案:

——棕树的果子可以榨油。

——棕树的叶子可以做扇子。

——棕树的毛能做线。

——妈妈告诉我,以前的人用棕树的毛做衣服,就是下雨天穿的雨衣。

——棕树的毛可以编绳子、做床垫。

——棕树的叶子能变成螳螂。

图 7　棕制品展览馆

在家长的帮助下,大家还收集了各种各样的棕树制品:棕毛鞋垫、棕毛刷子、棕毛扫把、棕编昆虫、蒲扇,还有一些棕片。班级里布置了棕制品展览馆,老师鼓励孩子们有空就去看看、摸摸这些展览品,让他们对于棕树的用处有更多、更直观的了解。

"棕树有什么用处?"这个问题的提出引发了幼儿新一轮的兴趣,通过简单的调查收集信息和信息与实物的对照,幼儿可以真真切切看到、触摸到棕树的用途。

棕树叶子像什么?

比较了树叶后,为了了解孩子们对棕树叶形状的想法,老师问大家:"你们觉得棕树叶像什么?"这个问题引出了孩子们各种各样的答案。

——棕树叶像女孩子的裙子。

——棕树叶子像孔雀的尾巴。

——叶子像一只手,大怪兽的手。因为只有大怪兽才有很多手指头。

——棕树叶像一把扇子,夏天能扇扇风。

之后,根据大家的回答,老师建议孩子们可以用自己带来的棕树叶再添加一些辅助材料,变出他们口中的裙子、孔雀、大怪兽……孩子们在班级里的材料区寻找到了合适的材料,真的做出了棕树叶孔雀。

图8　用棕树叶进行手工制作

图9　棕树叶孔雀

还可以在哪里找到棕树?

自从调查、绘画棕树后,孩子们对于棕树有了更加直观的了解与认知。还可以在哪里找到棕树?对于这个问题,老师仍然希望孩子们能够自己寻找答案。在老师的建议下,孩子们准备到幼儿园所在的社区去寻找棕树。

1. 第一次寻找棕树

"这里有棕树。""这里也有。""我也找到棕树了。"随着各种声音此起彼伏,孩子们找到了很多棕树。

老师问大家:"你们一共找到了多少棵棕树呢?"熙熙说:"大概有10棵。"小满马上反驳:"不对不对,我觉得有100棵。""有什么办法可以知道我们找到了多少棵棕树?"老师笑眯眯地问大家。看大家暂时没有反应,老师提醒道:"我们每个小朋友是不是都有自己的学号呢?"小毅马上说:"对,可以给树也编一个学号的。"

2. 第二次寻找棕树

于是有了第二次寻找棕树。老师给每个孩子发了一些便签贴,让他们或画或写或贴,制作数字标签。孩子们带着这些标签,兴冲冲地出发了。

一出幼儿园大门,小满马上认出了在幼儿园门口就有两棵棕树。堂堂和小毅分别把自己准备的"1"和"2"贴在了树身上。大家陆续把自己制作的数字标签都贴到了棕树上。

这时,元宝很激动地大喊:"我发现了5棵。"原来在一排房屋的后面并排种植着5棵棕树。熙熙、璇璇几个孩子分别在这5

图 10　在社区发现了棕树

棵树上贴了 20 至 25 的数字标签。孩子们在自己走过的道路附近一共找到了 29 棵棕树。

"我们小区也有棕树,我找到了 16 棵。"这是后来小满告诉老师的。

在社区里寻找棕树,让幼儿理论联系实际,对棕树的特征有更直观的印证。幼儿不仅获得了丰富的感性经验,充分发展了形象思维,并且在实际操作中正确感知了数量关系,练习了点数。

班级里的棕树

几天过后,大家带来的棕树叶子开始慢慢枯萎了。有小朋友提议在班级里也种棵棕树。这个提议有人反对也有人赞成。反对的小朋友觉得不切实际:怎么可能把那么大的棕树搬到教室里?赞成的小朋友觉得可以,大家可以做一棵假的棕树啊。最终,那些反对的小朋友被说服了,大家开始一起讨论怎么做棕树。

先做树干,再做树叶,最后做果实,大家对这样的步骤达成了共识。孩子们决定分工合作,根据棕树的形态特征分成三个大组:树干组、树叶组和果实组。我们一共有六个小组,第一、第二组小朋友愿意做树叶,第三、第四组小朋友愿意做树干,第五、第六组小朋友选择了做果实,大家开始分头找材料。

1. 树干怎么做

大家遇到的第一个难题是:树干怎么做?

提议1

宁宁建议道:"用纸做,画一棵树干,剪一片薄薄的纸。"琛琛说:"不行的。"小毅也不同意:"不行的,树不是薄的一片,树会倒的。"堂堂说:"树干是圆柱形的,不是一片纸。"

提议2

宁宁说:"我想到了,可以用'建筑工地'的积木。"说完她去"建筑工地"拿了两块积木,演示用两块积木垒高成树干。众人都摇头不赞成。小毅否定道:"不行,这个不像树,树干是圆的。"

提议3

熙熙说:"可以用楼下(建构室)大箱子里的纸筒。"大家纷纷表示赞同。

孩子们来到了建构室,建构室有很多排列整齐的大积木箱,每个箱子中都有粗细不一的纸筒。元宝说:"我要选长的纸筒。"琛琛选取了几个纸筒后在原地垒高,他垒了4个纸筒,然后把这些纸筒套在手臂上拿走了。堂堂拿走了5个长形纸筒。蕴蕴和熙熙在两只手臂上套满了长短、粗细不一的纸筒。

回到教室后,大家把选好的纸筒堆在了一起。

图11 幼儿寻找做树干的材料

图12 选好的纸筒堆在了一起

2. 人太多怎么办

第三、第四组共12位小朋友挤在一起,大家争着要垒树干,场面一片混乱。老师把难题丢给了大家:人太多了怎么办?

轩轩最先表态:"我可以去别的组。"嘉嘉说:"我们第三组再做一棵树。我们把材料给他们(第四组),要不然他们也不够的。"唐唐说:"我同意。"老师问道:"那你们准备在哪里做树呢?"

嘉嘉说:"我们就在那里做树吧。"(她手指着教室后方的一根承重柱)老师说:"那是柱子呀。"嘉嘉回答:"它长得像棕树的树干。"

于是,大家决定将只做一棵棕树改为做两棵棕树,一棵棕树用纸筒做树干,另一棵用柱子做树干。

3. 又遇到难题了

没想到在实际操作中,纸筒树干组比柱子树干组遇到了更多的难题。

难题1:树干容易倒

元宝和堂堂开始合作垒树干了。他们从纸筒堆中选择了比较长的细纸筒进行垒高。刚垒到第三个,纸筒就倒了。于是他们换了粗一点的纸筒,垒到第五个纸筒的时候,还是倒了。这时,堂堂捡起了一根细长纸筒,把它插进了粗纸筒中间,这次连着垒了三个纸筒都

图13 合作垒高做棕树的树干

没有倒。这个办法显然有效。琛琛、宁宁都来帮忙运纸筒给堂堂。

难题2:树干不够高

用新办法垒的纸筒比较稳,也没有倒,当纸筒垒到差不多和小朋友一样高的时候,大家够不着了。宁宁先踮起脚尖,还是够不着,她又跳了起来,反而把纸筒碰倒了。堂堂说:"我们重新来,重新来,我去搬椅子。"元宝说:"我也去搬椅子。"孩子们站在椅子上,重新用粗纸筒套细纸筒的方法,很快垒了近一人高。

图 14　分工把树干垒得高一点　　　　图 15　借助椅子,让棕树的树干垒得更高

难题 3:树干很高,但不稳

垒到一人高的时候,纸筒忽然倾斜了一下,倒了。孩子们连忙把倒地的纸筒搬开,腾出一片空地,重新开始垒高。这一次纸筒树干在一人高的时候又倒下了。元宝说:"我们需要胶水。"他跳下椅子,去班级材料区寻找他需要的东西。回来的时候,他拿了一卷胶带和一把剪刀,他把这些材料交给了重新开始垒树干的堂堂。堂堂撕开胶带从最底下开始把纸筒贴起来。这时宁宁过来帮忙,她把纸筒扶住,堂堂一条缝一条缝地横横竖竖贴了很多条胶带。琛琛来到同伴中间,他告诉伙伴们他想到一个好办法,可以用绳子把纸筒绑起来。琛琛问老师要绳子,老师建议他自己去班级材料区寻找。他拿着一卷线团和一把剪刀回来了,开始往纸筒树干上缠绳子。为了让树干更牢固,宁宁提议,把多余的纸筒围在新搭的树干周围,再用胶带牢牢地绑起来,这样树干就不会倒了。

难题 4:树干真牢了吗

通过孩子们的一起努力,一根又高又直的树干终于竖立起来了。元宝说:"这次不会再倒了吧!"堂堂说:"我贴了很多胶带,肯定不会倒了。"宁宁说:

"我们吹点风吧,也可以推推它,看看会不会倒。"

五个孩子围在树干周围,对着树干大口地吹气,他们一个个鼓着腮帮子呼呼地吹了一会儿,树干没有动。宁宁又用手指头对着树干戳了戳,树干也没有动。堂堂用力推了下树干,树干摇晃了几下,还是没有倒。纸筒树干组终于把最难的棕树树干做好了。

图16 用胶带固定树干

图17 在纸筒树干周围再围上一圈纸筒加固

难题5:它不像棕树

树干又高又稳,孩子们对自己的作品都比较满意。琛琛却提出了一个问题:"棕树是毛茸茸的,可是这个树干光溜溜的,一点也不像是棕树。"元宝建议道:"在树干上画点棕毛吧。"琛琛说:"我们把毛线剪成小段当成棕毛贴在树上。"

这时,老师假装不经意地说起:"怎么有片棕片掉在地上了?"堂堂马上想到了棕制品展览馆里有许多小朋友们带来的棕片,可以直接拿来贴在树干上,堂堂拿来了两片棕片在树干上比了比,贴上棕片的部分和棕树真的一模一样。

于是,大家把棕制品展览馆的棕片拿了一些过来。怎么把棕片粘贴到树干上呢?孩子们试了胶水、双面胶,都失败了。琛琛又提议用绳子绑,没想到,这个方法真的奏效了。一开始他们拿了根绿绳子,可是很远就能看见树干上一条条的绿绳子,影响效果。老师提议道:"你们选和棕片一样颜色的绳子就看不出来有绳子了。""对呀,我们怎么没想到呢,我知道哪里有,我去拿棕绳,还是我带来的呢。"元宝说完就去棕制品展览馆拿棕绳了。

孩子们在棕片上缠上了密密麻麻一圈又一圈与棕片颜色一样的棕绳,终于,一棵棕树的树干完成了。

受到纸筒树干组的启发,柱子树干组学着纸筒树干组的样子,把棕片绑在了柱子上,又一棵栩栩如生的棕树呼之欲出。

图18　将棕片绑在纸筒树干上做树皮

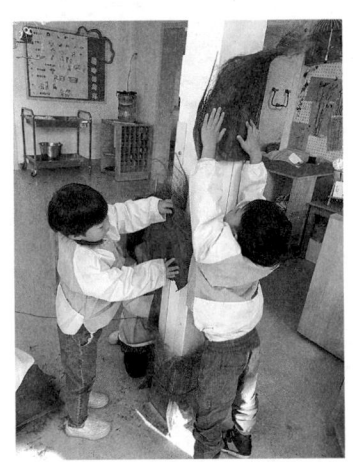

图19　将棕片绑在柱子树干上做树皮

图20　小棕树好高呀

在制作棕树树干时,幼儿遇到了一系列的困难,教师没有过多干预,而是让幼儿自己动脑筋想办法解决困难,可能幼儿的解决办法不是最好的,但对于幼儿来说,这样探究式的学习更有利于他们的发展。

4. 像扇子一样的棕树叶

负责制作树叶的孩子们已经用绿色的纸折了很多的"叶片",他们用正反折扇子的方法做出来的叶子和棕树叶非常相似。两组幼儿齐心协力,折了满满一大筐树叶,就等着这些棕树叶"长"到棕树上了。

图 21　制作棕树叶

图 22　将树叶固定在树干上

5. 用什么材料做果子

果子组的孩子们尝试了很多材料,最后他们决定用在材料区寻找到的轻质黏土和毛根做果子。他们把轻质黏土搓成一个小圆球,然后插上一段毛根,一个小果子就做好了,再把许多的小果子穿起来就变成了棕树的果子。

在老师的帮助下,大家搬来了梯子,树叶组的孩子们爬上梯子,把树叶一片片插到了棕树树干上,果子组的孩子们在树叶的间隙中插上了一个个小果子。

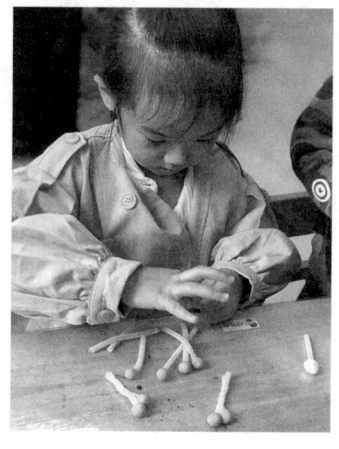
图 23　制作棕树果子

图 24　在棕树上挂满一串串的果实

在大家的共同努力下,一大一小两棵棕树终于做好了。孩子们对自己辛苦做成的棕树很满意。

——我做完这棵树很高兴,因为我每天上学都能看到这棵树,就和看到老师一样高兴,这样就能天天和树打招呼了!我觉得我做树用了这么多工具,虽然很辛苦,但是现在做完了很轻松!

——我现在感到很开心,因为棕树一直在,每天在座位上就能看到棕树。

——我感觉这棵棕树很好看,排队回来也能看到。

——我做叶子折得手指有点累,但做完也很开心。

——(做)小的棕树不需要梯子,大的棕树我们用到了梯子。

——柱子本来是白的,我们把小朋友采的棕片贴上去就变成了棕树的颜色啦。

图25 柱子棕树完成啦

图26 纸筒棕树完成啦

幼儿相互分工,共同完成任务,知道了一个人的力量是有限的,集体合作可以让任务完成得更好。当任务完成后,幼儿都感受到了成功的喜悦。

家长的话

家长在这个主题活动中有着不可或缺的作用。他们和孩子一起查找资料、寻找棕制品、采集棕树树叶……他们的参与使活动开展得更加顺利,同时他们也对这次活动感悟颇深。

阳阳妈妈:"全班小朋友在老师们一步步的引导下完成了这么棒的作品,老师们的设计真是匠心独运,孩子们的表现也都令人惊喜。我特别注意到了每一位孩子装饰树叶的时候,老师的手都稳稳地扶住孩子,这样安全和温暖的小细节,让人十分感动。"

乐乐妈妈:"赞,这样的活动真是独一无二!"

琛琛妈妈:"太酷了!把棕树"搬"进教室,好大的一个工程啊!所有小朋友都好棒!"

格格妈妈:"这是一个让人感动的项目,或许我们踏上工作岗位都没有好好学会团队合作,但这群孩子却做到了。进入中班后,幼儿园的特色就明显起来了。前期从认识棕树,分析棕树的树叶、枝干、果实、利用价值等等,再到采集作画,再到合作完成大棕树,真的很让我感动,孩子们太不容易了。"

在活动中,家长每天可以通过教师在网站上分享的照片了解班级里发生了什么。他们惊奇于孩子的表现,看着孩子们通过合作一步步完成了一个几乎不可能完成的任务。家长们愿意参与其中,为孩子们提供帮助。

幼儿的发展

"毛茸茸的树"是中班幼儿在幼儿园发现了一棵奇怪的树引发的探究活动。在这个活动中,幼儿遇到了一个个问题:有他们自己发现的问题,有老师提出的问题,也有在实际操作过程中遇到的问题。面对这些问题,幼儿开始尝试各种解决办法,同时,他们也获得了很多经验与发展。比如,喜欢接触新事物,能够动手动脑寻找问题的答案;在对棕树的了解过程中,通过简单的调查收集信息;在与他人交流中分享信息;在社区寻找棕树的过程中,通过实际操作,理解数与数、数与量的关系;在小组合作制作棕树的过程中,能大胆说出自己的猜想,并通过实践验证自己的想法,愿意听取同伴的意见,不断调整自己的行为,最终合作完成任务。

一棵毛茸茸的树,为幼儿打开了探索世界的大门,让幼儿感受到科学的魅力,通过观察、比较、操作、实验等方法,发现大自然中的植物与人类的关系,愿意亲近自然。

教师的感悟

在"毛茸茸的树"这个活动中,幼儿的表现是教师始料未及的,同时教师也发现了幼儿世界中的多姿多彩。

教师是好奇心的播种者。"毛茸茸的树"源于幼儿一次好奇的观察发现,对于他们的疑问,教师鼓励幼儿自己寻找结果,并一次次提出新的问题,激发幼儿进一步探究的热情。在教师的鼓励下,幼儿的好奇心引导着他们不断地探索。

教师是幼儿想法的支持者。对于幼儿的一个个奇思妙想,教师没有用成人的视角予以否定,而是鼓励幼儿自己去尝试。在一次次尝试、失败、调整中,幼儿获得的经验非课堂学习能比的。

教师是默默的记录者。在整个活动中,教师不再是指手画脚的指挥者,而是退居一旁,记录下幼儿一次次精彩的讨论,见证了他们从失败到成功的过程。教师观察幼儿、分析幼儿、理解幼儿,最终更好地引导幼儿。

"毛茸茸的树"的活动已经结束,可是关于棕树的故事还在继续。幼儿制作的小棕树成为幼儿园门厅的布景,成为童话剧《老虎拔牙》中的背景道具……

专家点评

这是一个幼儿围绕一棵棕树进行探究的故事,从"发现毛茸茸的树"到"认识棕树"再到"制作棕树",幼儿经历了一次有意义的主动学习过程。在其中,幼儿既联系了已有经验,又获得了很多新经验,让我们看到了有能力、有自信的学习者和沟通者的形象。活动中教师始终让幼儿先思考先行动,体现了以儿童为中心的教学思想。

好奇是幼儿行动的最直接动机,从发现棕树开始,幼儿就对这棵毛茸茸的树充满了好奇,想知道它是什么。在得知其是棕树后,幼儿又有了新的问题:棕树有多粗?棕树有什么用?哪里有棕树?如何制作棕树?如何解决制作过程中的一系列问题?……正是这种好奇心,让幼儿运用已有的经验和不断丰富的新经验,通过观察、测量、调查、设计、分组、寻找材料、合作、讨论、制作,在一系列行动中,完成了对棕树的诸多探究。

幼儿的学习是在具体的情境中发生的,如毛茸茸的树引发了幼儿原有的认知冲突,促使幼儿去探究它是什么;幼儿的学习是在解决真实的问题中发生的,如在寻找社区中的棕树时,如何计数成为问题,在教师的提醒下,幼儿想到了贴数字标签的方法;幼儿的学习也是在和同伴、教师的互动中发生的,如在制作棕树的过程中,幼儿在找材料、固定树干、加高树干、绑棕片、粘树叶、做果子等活动中,都为了完成共同的目标而努力,形成了分工合作的团队活动,他们在社会性互动中不断解决问题,最终完成了共同任务——制作了两棵栩栩如生的棕树。

幼儿的探究离不开教师的支持。在故事的整个探究过程中,教师始终站在幼儿身后,让幼儿先思考、先行动、先解决问题,通过幼儿主动解决问题,引发进一步的行动。同时在环境布置和材料提供上,紧跟幼儿的探究节奏,及时注意幼儿发现的问题和解决问题的方法,既给幼儿的探究留有空间,也让幼儿在需要支持的时候得到提示。这体现了学习故事评价中注意、识别、回应三步评价过程。

(台湾师范大学人类发展与家庭学系 王 成)

小青虫的故事

四川省成都市蒲江县北街幼儿园　何　涛　王红宇

持续时间：2018年10月至12月

年龄段：中班

缘起：发现虫子

一天，老师带孩子们去种植园观察蔬菜的时候，发现蔬菜上有小青虫，老师把有虫子的叶子撕下来放在手上，很多孩子争着来看，有的孩子又害怕又想看。看着孩子们对小青虫这么感兴趣，老师决定把小青虫留下来供孩子们观察。

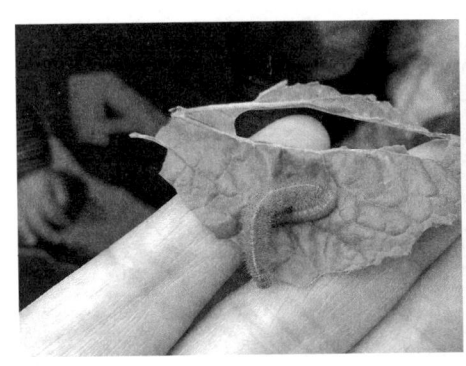

图1　蔬菜上的小青虫

图2　争相看小青虫

回到教室后，孩子们一边观察小青虫，一边讨论："蔬菜长虫子怎么办？"有孩子说："我们打点药，把虫子毒死，不然小青虫把蔬菜吃了我们就没有蔬菜了。"可是堃锦和几个有经验的小朋友说："不行，打了药的话，蔬菜上有毒，菜就不能吃了。"瑞坤补充说："我们不能打药，我们去捉虫子。"最后，大家同意了瑞坤的意见，决定自己捉小青虫。

捉小青虫最初源于部分孩子的意见,为了调动全班孩子的积极性,班级三位老师决定多带孩子们去种植园参观,多带孩子们体验捉虫子,多倾听孩子们的意见。

捉虫子

1. 为什么我们捉不到虫子

为了鼓励孩子们捉虫子,老师给每个组准备了一个透明的玻璃瓶子,捉到的虫子归自己组,孩子们的集体荣誉感很强,积极性瞬间被调动起来。第一次捉虫子,只有雅婵捉到一条小青虫。尽管一些孩子很认真地找了,但仍然没有捉到虫子。佳芯不解地问老师:"为什么雅婵找到了虫子而我们找不到呢?"这是个非常有价值的问题,于是老师请雅婵分享自己的经验。

雅婵:"我在(蔬菜)有洞洞的地方找虫子。"

(教师)"为什么在蔬菜有洞洞的地方找呢?"

"因为洞洞是被小青虫咬的,有洞洞的地方才会有虫子。"雅婵还补充说道:"小青虫藏在叶子的后面。"

浩铭:"我在我家菜地里看见小青虫藏在菜心里面的。"

(教师)"对啦,小青虫为了保护自己,会藏起来,大家要仔细寻找才能发现。"

这次谈话后,很多孩子不再盲目寻找小青虫,他们会仔细翻找蔬菜叶子上有没有小青虫,还会拨开菜心寻找有没有小青虫。找到小青虫的小朋友变多了,他们异常兴奋,争相把快乐分享给老师和本组的朋友。

2. 第六组的小朋友没有虫子

第六组的孩子一直没有捉到虫子,看着空空的玻璃瓶,他们很失落。孩子的失落引发了老师的思考:能否捉到虫子不仅与蔬菜里虫子的数量有关,还与孩子的观察能力、耐心程度等有关,捉虫子活动的目的之一是培养孩子们对自然的好奇心,提高孩子们对自然的探究能力,没有虫子在一定程度上意味着一部分孩子失去了观察、探究的机会。于是我们开展了谈话活动,希望大家帮助暂时没有捉到虫子的第六组的小朋友。

教师："第六组的小朋友一直没有捉到虫子,他们也想观察虫子,谁能把虫子送点给他们?"

第二组的佳芯马上说:"不行,我们组只有一条虫子,给他们我们就没有啦。"

教师:"那谁有多的虫子可以给他们一条呢?"

虽然老师提问了,但是没有哪个组愿意把多的虫子送一条给第六组。老师又说:"难道我们没有人愿意帮助第六组吗?"第三组和第一组的孩子说愿意帮,但要等到下次捉到更多的虫子再给第六组。

明明有多的虫子,为什么就不愿意送一条给第六组的朋友呢?也许因为这些虫子是孩子们好不容易找到的,数量也不多,对他们来说弥足珍贵。让孩子关爱他人不是强行让他们把自己喜爱的东西送给别人,而是应该以孩子能够接受的方式让他们表示关爱。于是老师尊重了孩子们的意见,让他们把自己捉到的虫子送给了第六组。第六组的孩子有了虫子后非常高兴,他们每天能和其他的孩子一样观察小青虫了。后来第六组的孩子捉到小青虫后,铮睿主动送了一条青虫到老师们的瓶子里。

3. 蔬菜压坏啦

为了找到小青虫,孩子们翻找菜叶很认真,有的孩子甚至双手撑在蔬菜上寻找,一些蔬菜很快被孩子们压坏了。老师把压坏的蔬菜照片给孩子们看,最后大家提出:轻轻地翻叶子,不把手臂放在蔬菜上。有了这次讨论,孩子们动作轻一些了,蔬菜压坏的现象减少了。

4. 熙淳抢了我们的虫子

餐前活动时,熙淳和婷婷在一起捉青虫,婷婷最先发现虫子,兴奋地喊:"大青虫!"熙淳去婷婷说的位置找,很快捉到了大青虫。熙淳兴奋地告诉老师,并找本组的苒苒拿瓶子装虫子。

看着虫子放到第一组的瓶子里,第七组的婷婷才意识到自己发现的虫子被抢走了。婷婷犹豫了一会儿后走到熙淳面前说:"你把我找到的虫子给抢走了。"兴奋的熙淳根本没有理会婷婷。看熙淳没有理会自己,婷婷对本组的翔翔说:"熙淳的虫子是我先找到的。"第七组的组长梓尧走来,他也听见了,三个孩子一起去质问熙淳,梓尧问:"你为什么抢我们的虫子?"熙淳有些茫然地看着三个小朋友。

婷婷说:"青虫是我先发现的,你把它抢走了。"熙淳的表情有些不自然了。

三个孩子开始追讨青虫:"把虫子还给我们。"熙淳有些委屈了。三个孩子继续说:"虫子是我们先发现的,是我们的。"熙淳更加委屈了,眼里噙着泪水。当三个孩子再次要他归还虫子时,熙淳再也忍不住大声哭出来了。

图3　熙淳哭了

第一组的思涵、芮言围过来安慰熙淳,熙淳哭得更厉害了。薇薇走过来询问发生了什么事情,翔翔解释说:"青虫是我们先找到的,熙淳给拿走啦。"看着熙淳哭得很厉害,三个讨要青虫的孩子离开了。

老师对哭泣的熙淳说:"因为这是别人先找到的,我们拿走了别人会不高兴的,这次没找到没有关系,我们下次再认真找。"熙淳点点头,把刚刚捉的青虫还给了第七组的小朋友,又和本组的思涵、芮言一起去捉虫子了。

老师从头到尾看着孩子们自己去解决问题,没有干预。婷婷虽然是个内向不爱说话的孩子,但是也勇于捍卫自己的权益,还会联合本组朋友一起捍卫自己组的权益。孩子的这种勇气和智慧是值得呵护的。同样,孩子的交往规则是在与同伴的交往中逐渐形成的,适宜的挫折有利于熙淳建立交往规则。

5. 老师,我要去捉虫子

刚开始,有部分孩子害怕虫子,不敢摸、不敢捉。老师尊重孩子,不强行要求。在长期观察虫子、陪同同伴捉虫子、照顾虫子的过程中,一些胆小的孩子看到小青虫的确不咬人、没有危险性后也开始摸虫子、捉虫子了。

一天坤坤对老师说:"我想去捉虫子。"老师告诉他:"可现在我没时间陪你去。"坤坤说:"我不用你陪,我自己去,我不会乱跑的。"最后,老师和配班老师交接好后就陪坤坤去捉虫子了。坤坤一个人专心地在种植园捉了两条虫子。看着坤坤捉到虫子,思锜、佳芯等孩子也嚷着要去捉虫子。看着孩子们捉虫子积极性这么高,班级三位老师商量决定饭前饭后的自由时间让孩子们去捉虫子。孩子们有了更多的时间和经验,捉到的虫子也更多了。

养虫子

1. 第一组的虫子不见了

一天早上,第一组的孩子发现他们瓶子里最大的青虫不见了。一些孩子猜测青虫跑到别的组的瓶子里了,可是每个组的瓶子孩子们都找了,并没有发现那条最大的青虫。

青虫究竟到哪儿去了呢?孩子们形成两种观点:一部分孩子认为晚上青虫从瓶子里钻出来爬到地上,又从地上爬到教室外面去了;另一部分孩子认为小青虫就藏在教室里。佳芯说:"青虫那么小,爬得很慢,爬那么远会爬累的,不可能爬出教室。"她还补充说:"我们的操作台那么高,青虫爬不下来。"

老师请佳芯寻找青虫,佳芯果然在装玻璃瓶的盘子边沿下面发现了青虫,勇敢的芮言把青虫捉回到本组的玻璃瓶中。

"青虫去哪儿啦?"的问题给幼儿提供了一次思考与辩论的机会,他们都能经过思考做出自己的判断。两种观点的背后都有幼儿的经验做支撑,尤其是佳芯那组的判断被成功验证,对所有幼儿都有启发:当我们不知道答案时,我们可以用已有的经验去判断,并用实际行动去验证。

2. 给瓶子做个盖子

孩子们都说要给玻璃瓶做个盖子防止青虫逃跑。用什么做盖子呢?孩子们说拿个瓶盖,可常见的矿泉水瓶的瓶盖过小不能用。思锜说拿个纸杯盖上去,小青虫很小,不会把纸杯顶开的。大家同意思锜的方法。老师拿来纸杯,思锜把纸杯盖上去,刚好合适。垚垚和几个孩子说:"这样不行,没有空气小青虫会死的。"孩子们提议拿竹签在纸杯上戳点洞洞。

老师找来牙签,可一个纸杯大家都争着戳洞洞会有危险。老师提醒说:"牙签很尖有危险,要保护好自己和他人。"孩子们开始小心地用牙签对着纸杯用力戳,不敢用全力,第四组的铮睿替同伴们扶着瓶子,很多孩子耐心等待操作。

七个组的瓶子几乎都是一样的,怎么区分呢?孩子们说要做标记。第二组的孩子决定用数字"2"作标记,其他组也采用写组号来做标记。雅婵是第一组的1号,她在纸杯上写上"1-1",其他组员都说不行,不能写自己的符号,要写"1",最后苒苒在纸杯上重新写上数字"1"。孩子们对组号和自己符号的认识是清楚的,小朋友个人的符号不能代替一个组,符号"1"才能代表第一组的所有人。

从最初的瓶盖到纸杯,再到有洞洞的纸杯,幼儿解决了青虫逃跑的问题,这一过程伴随着幼儿的思考、操作、合作。

3. 纸杯盖子被戳坏了

一天,第三组孩子告状,说第五组的湘楠在他们纸杯盖子上戳了个大洞,而湘楠说是第三组的浩城先把他们的纸杯盖子戳坏的。看来,虽然孩子们有团队意识,但是缺乏与他人交往的规则,也缺乏与他人协商解决问题的能力,于是我们开展了讨论。通过讨论,两个孩子都意识到自己的错误。

图4 第三组和第五组的纸杯盖子被戳坏了

盖子坏了，小青虫要跑出来怎么办？大家决定再戳一个纸杯盖子。第三组的坤坤拿着纸杯犹豫一会儿后从杯底开始剪。这和第一次的方法不一样，几个孩子马上质疑。佳奕说："不是这样剪的。"梓骞说："虫子要从大洞洞跑出来的。"坤坤把有洞的旧纸杯盖子塞进新纸杯里说："就这样，跑不出来。"坤坤还指着露出的缝隙说："这儿有空气。"

图5　坤坤剪纸杯盖子受到了质疑

坤坤没有把纸杯底部全部剪断，留下一部分，用周围留缝隙的方法解决了空气流动的问题。苴苴指着缝隙说："虫子要从这儿跑出来了。"坤坤把剪好的盖子放在瓶子上，上下翻动着盖子说："不会的，可以盖着。"苴苴等几个孩子不再有意见了。大家还帮助坤坤观察纸杯的高度，提示坤坤剪出适宜的高度，既能盖住瓶口又能观察到瓶中的小青虫。

图6　第三组和第五组重新做了纸杯盖子

过了几天，坤坤请妈妈看自己做的新的纸杯盖子，发现可以上下翻动的盖子不见了，不知谁做了个新的盖子重叠在上面。原来苒苒发现坤坤做的纸杯盖子要脱落，利用游戏时间做了一个新的重叠上去，防止青虫逃跑。坤坤没有说什么，接受了苒苒的改进。

··· 小青虫的故事

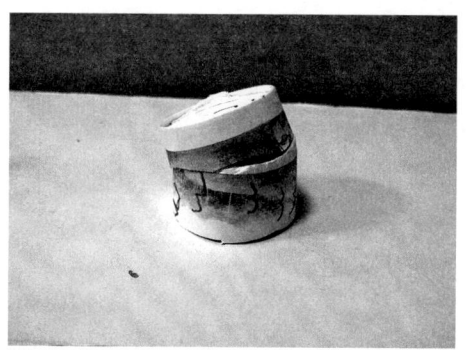

图7　坤坤做的纸杯盖子被换了

　　幼儿按照自己的想法做事,即使结果可能不完美,成人也最好不要把方法直接教给他们。经验是在反复的尝试、验证中自我建构的,这个过程比成人直接告诉他们答案更有价值,当然这个过程需要成人有足够的耐心。

4. 统计小青虫数量

　　很多孩子捉到虫子后兴奋地告诉老师他们的虫子增加了。为青虫打扫卫生时,一些孩子发现青虫死了,变少了。孩子们已经关注到青虫数量的变化,于是老师尝试让孩子们进行记录。

　　(1) 第一次记录。

　　孩子们按照自己的方式记录青虫的数量。有的组用图画记录,有几条青虫就画了几条青虫,最后还把总数用数字写下来(第一组、第三组);有的组直接把青虫的数量写在纸上(第四组、第六组)。

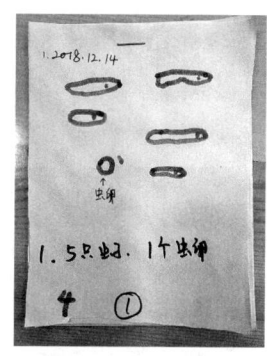  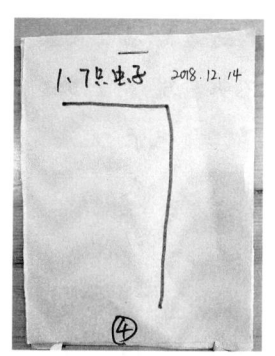

图8　第一组的记录　　图9　第三组的记录　　图10　第四组的记录

(2) 第二次记录。

看着孩子们的记录,老师思考这样的记录方式带给孩子的发展是什么,仅仅就是记录每次的数量吗?虫子的数量会随着虫子的死亡或者孩子们的捕捉而变化,而这样的记录不能让孩子直观看到数量的变化。于是老师结合孩子们的记录内容重新设计,采用图和数字两种方式记录,增加虫卵的记录位置。新的记录表上呈现多次记录,使孩子们直观感知到前后两次数量的变化。第六组的小雅说他们的虫子多了1条;第五组的孩子说他们的虫子本来是7条,死了1条就变成6条了;第四组的孩子发现虫子数量没有变化,都是7条;第二组的孩子发现虫子少了1条,但是增加了3个虫卵;第一组的孩子发现他们的1个虫卵不见了,但虫子增加了3条,苒苒说是虫卵变成小虫子了。

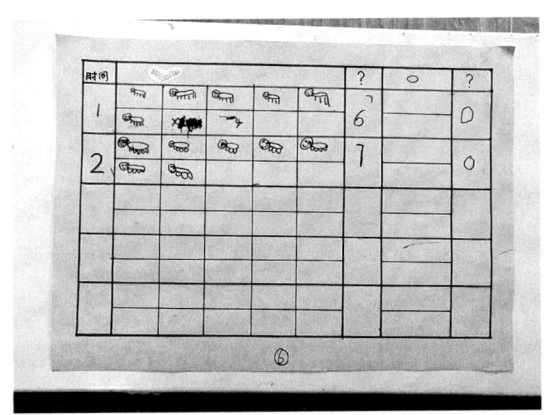

图11 第六组的虫子比上次多了一条

改进过的记录表虽然能呈现多次记录的结果,让幼儿可以较清楚地比较,但还不够直观。当初没有足够大的纸,导致记录分成上下两排,数量超过5就要在第二排记录,无法完全对应。一一对应才是比较数量的最直观方法。

(3) 第三次记录。

第三次记录时第一组的孩子没有对应记录。大家都说第一组的虫子画到下面去了,把第四次记录的位置占了。老师问孩子们:"为什么记录表上有横线和竖线呢?"孩子们说是用来隔开的。老师对记录表进行了修补,第一组重新进行了记录。

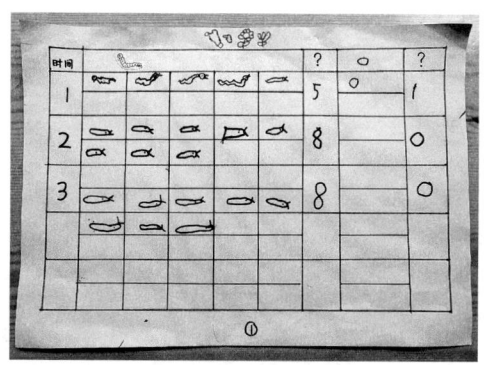

图 12　第一组没有在对应的位置记录

第三次记录时,第五组的很多虫卵凌乱重叠,孩子们数了很多次都数不清。后来组长再次点数,在记录表上写了"13"个。其他孩子再次点数确认时,发现太多了,不好数。

"虫子太多我们数不清怎么办?"

有的孩子说就写"100",还有的孩子说就写"1 000"。

"虽然 100 和 1 000 都可以表示很多,但是我们的虫卵可能不是 100 个,也可能不是 1 000 个,这样随便表示的话也不行。大家想想用什么方法来表示有很多的虫卵呢?"

苒苒:"我们就画很多的点点。"

因为找不到其他方法,大家同意苒苒的建议,后来遇到虫卵重叠数不清时孩子们就画了许多点点。

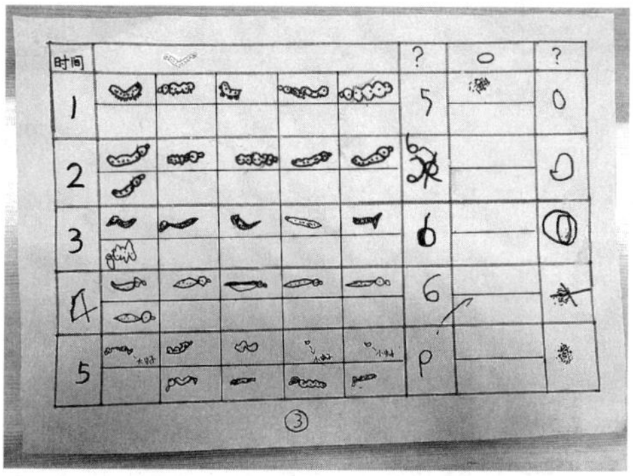

图 13　第三组画了许多点点表示许多虫卵

5. 小青虫拉粑粑啦

自从养了小青虫后,孩子们发现了小青虫拉粪便的现象。有孩子笑着说:"粑粑好脏啊!"很多孩子说:"会把小青虫臭死的。"当老师建议孩子们为小青虫打扫卫生时,孩子们满口答应了。

(1) 打扫卫生遇到的挑战。

老师提出了打扫卫生的要求:"小心操作,不能把虫子弄死,要把瓶子里的虫子屎、干叶子、杂乱叶子清理干净。"刚开始一些孩子想把手指伸进去捉虫子,可是瓶口太小,手伸不进去。更多的孩子们把玻璃瓶倒过来,可虫子吸附在瓶子里掉不下来。一些孩子用手拍打瓶壁,用纸杯盖敲击玻璃瓶底,还有人用拳头敲打瓶底。美艺说:"虫子粘得好紧呀。"佳芯说:"拿个不尖的东西把它撬出来。"老师给孩子们找来较软的吸管,可更多的孩子坚持用敲击瓶底的办法把虫子弄出来。

图 14 雅萱拍击瓶底倒出小青虫

第七组的孩子把菜叶倒出来后说他们的瓶子里没有虫子。老师说:"有虫子的,因为你们没有认真看,所以找不到。"翔翔、煜婷开始在菜叶上仔细翻找。过了一会儿,两个孩子兴奋地告诉老师找到虫子了。

经历了多次打扫后,孩子们的经验更加丰富。坤坤打扫玻璃瓶后没有马上把虫子放进去,他说瓶子是热的(孩子们是用洗手的热水清洗瓶子的),他用嘴把瓶子吹凉后才把青虫放进去。其他组也学第一组用卫生纸把瓶子里面的水擦干后再放小青虫。

图15 坤坤把瓶子吹凉后再把青虫放进去

（2）有虫卵怎么打扫。

一次,第五组在打扫卫生时,发现瓶壁内有虫卵,雨诗用软的吸管把虫卵撬下来再清洗。老师问:"虫卵里有小虫子,能撬吗?"马上有孩子说:"会把虫子撬死的。"湘楠说:"可是瓶子里有虫卵,不能用水清洗呀。"雨诗:"可以用吸管把虫子屎一点一点地清理出来。"雨诗尝试了,可效率很低,湘楠又接着清理。老师说:"我有卫生纸,你们需要的话就拿。"湘楠开始用吸管配合卫生纸塞进瓶子里清理,可吸管较软,她说:"要是有筷子就好了。"老师及时为孩子们提供了废旧筷子,清理效率高一些了。打扫后老师请第五组的孩子分享经验,大家学习了有虫卵时的清洁方法。

（3）老师,他们不做事情。

当老师被孩子们积极主动为青虫打扫卫生的态度感动时,也发现一个现象:每组打扫卫生的孩子总是那几个。在"谁帮助过小青虫打扫卫生"的调查中,第五组的孩子投诉:思帆、航语不做事情,就喜欢坐在那里玩耍。

该由谁来为虫子打扫卫生呢? 通过讨论,孩子们都意识到为小青虫打扫卫生是大家的责任,是每个人都应该做的事情。怎样分工让每个人有事可做?孩子们说每人做一件事情,于是组长带着大家进行分工。虽然有了分工,但是孩子们并没有按照之前的约定做事情。第六组的两个孩子重复记录虫子数量造成冲突;第五组应该由航语清洗瓶子的,但有孩子嫌航语清洗得慢,让有经验的湘楠代替了。原来口头分工的方式让一些孩子对自己的任务不清楚,于是老师结合孩子们的分工设计了分工记录表。分工记录表上把为小青虫打扫卫生的流程分为七项任务,清点虫子由大家一起完成,其余六项由每组六个孩子分别完成。六项任务怎么分工呢?梓骞说了个办法:"按照顺序,1号小朋友倒出虫子,2号小朋友清洁瓶子,3号小朋友把虫子逮进瓶子,4号小朋友打扫桌子,5号小朋友记录,6号小朋友拿新鲜叶子喂小青虫。"很多组采用了梓骞按学号顺序分工的方法,也有的组自由选择分工。

没有来齐六个人怎么办呢?第四次打扫卫生时,第四组的5号垚垚没有来,2号熙熙说自己帮助没来的垚垚喂虫子,她把自己的符号"4-2"画在"喂虫子"的任务栏下面。第一组芮言没有来,轩毅主动帮助芮言喂青虫。第二组的6号浩铭没来,组长钦钦主动帮助喂小青虫。孩子们主动为没有来的朋友承担打扫任务。

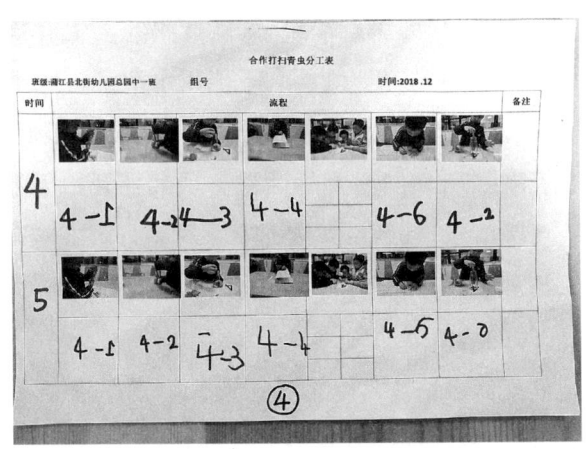

图16　人没来齐的分工记录表

第四组的孩子忘记是谁打扫桌子时,组长思锜拿出分工记录表查看,提醒4号茜妍打扫卫生。有了分工记录表的提示,不仅每个孩子有事可做,而且他们也很清楚自己的任务。

6. 可爱的小青虫

孩子们在喂养青虫的过程中关注到小青虫很多的信息,他们主动与老师、同伴交流分享,老师鼓励孩子们把自己的发现画出来。孩子们不仅画出青虫的外形特征,还画出青虫大小便、生宝宝、吃菜叶等情景。

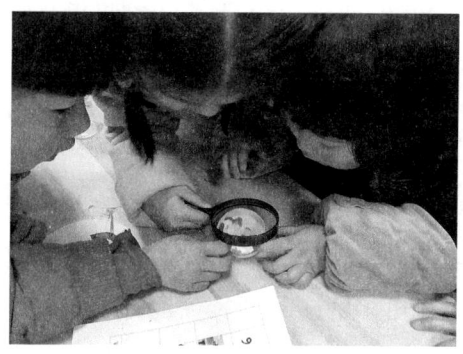

图 17　用放大镜看虫卵

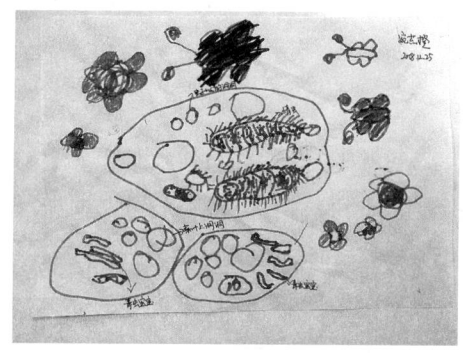

图 18　青虫妈妈和青虫宝宝把菜叶咬出了很多洞洞

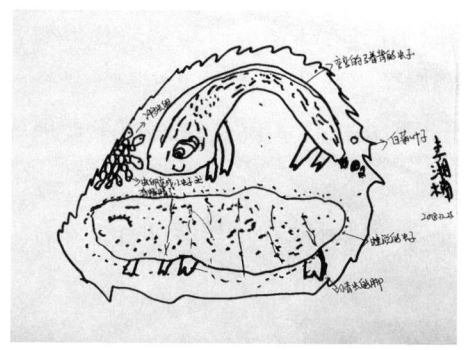

图 19　虫卵聚在一起,变成小虫子长出了眼睛。有的青虫弓着背,有的青虫在菜叶上睡觉

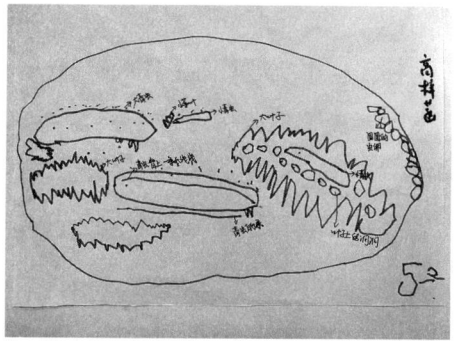

图 20　青虫有大有小,圆圆的虫卵聚在一起

虫子死了

孩子们在与小青虫的接触中逐渐产生了感情。雅婵在倒腾青虫时,瓶口把盘子里的青虫压死了,大家都来告状,雅婵委屈地说:"我不是故意的。"做事莽撞的熙淳碰着轩毅,也把盘子里的青虫压死了,大家都批评熙淳。第六组的雨欣不听同伴的劝阻,把小青虫冲到水池里,使小青虫顺水流走了,第六组的孩子都责怪雨欣。发生青虫弄丢和死亡事件后,瀚文提醒大家:"换叶子的时候要小心,别把青虫弄丢了。"有了瀚文的提醒,大家再给青虫换叶子时都检查

得格外仔细了。

一天,中三班的孩子看到养小青虫的瓶子,有些好奇地问:"小青虫是什么东西哟?"菲菲自豪地说:"小青虫就是我们的小可爱、小宝贝。"小青虫虽然是害虫,但在孩子们的眼里就是他们心爱的小宠物,他们精心地呵护着小青虫。

尽管孩子们精心呵护小青虫,瓶子里的小青虫还是逐渐死亡。小青虫为什么会死呢?孩子们各抒己见。有人说虫子吃多了胀死的;有人说叶子有水,把虫子淹死了;有人说小青虫吃烂叶子生病死了。老师请大家回想照顾小青虫的过程,排除了以上原因。瀚文回忆起青虫妈妈产卵后的情景说:"青虫妈妈生了宝宝后就死了,不动了。"这个观点让更多的孩子开始关注青虫妈妈产卵后会不会死的问题。

于是老师建议孩子们拿一条小青虫做实验。第四组的孩子们挑选了一条他们认为是青虫妈妈的胖青虫,不久青虫妈妈产卵了,之后青虫妈妈在虫卵旁不动了。这个实验让很多孩子认定青虫妈妈产了卵会死。

很多孩子不能接受这个答案,但找不出理由。佳芯说:"虫妈妈不会那么笨的,我们的妈妈生了我们就不会死的。"

"对呀,我们每个人都有保护自己的本领,要让自己活得好好的,可是青虫妈妈为什么生下宝宝就死了呢?"

坤坤:"青虫妈妈生孩子很累很累,所以就死了。"

铮睿:"青虫妈妈生孩子会流很多血,它的血是青色的,血流完了就死了。"

瀚文:"我知道,有的活得长,有的活得短,青虫活不长就会死。"

老师:"你是说动物的寿命吗?有的动物活很久,有的动物活很短的时间就会死。"

瀚文:"对,我妈妈给我说的。"

青虫死亡的话题给孩子们提供了思考生命的机会,他们对生命有了新的认识,对寿命短暂的青虫有了怜爱之心。

结　语

放寒假了,个别孩子主动把青虫带回家照顾,再一次见证了虫子的死亡过程。这个过程虽然有些残酷与伤感,但也让孩子们感受到生命的短暂,这种感受让孩子萌发了对生命的珍视。

捉虫子的活动在很多成人看来就是小孩子的游戏,但让孩子在游戏中学到知识是有价值的。亲历这个过程,老师感受到了孩子们的变化:从部分孩子到全班孩子都敢于捉虫,从捉不到虫子到捉到更多的虫子,从虫子逃跑到给瓶子做盖子,从不愿意打扫卫生到人人参与,从不小心弄死虫子到后期精心呵护,从前期关注是否捉到虫子再到关注虫子的准确数量,孩子们的经验在不断丰富、提升。

《小青虫的故事》是孩子们在幼儿园中抓青虫、养青虫的过程,是孩子们在幼儿园中经历的平凡而又真实的生命教育历程。

　　《小青虫的故事》的第一个生命教育观念是生命的平等意识。以人类为中心来评判生命的价值,这是成年人的普遍价值观,但幼儿没有受到成人偏狭的生命观念的影响。对成年人来说,小青虫是害虫,但对孩子们来说,小青虫是他们的小宠物。在避免小青虫伤害蔬菜和不杀害小青虫两个原则之间,孩子们做出了养护小青虫的决定。

　　第二个生命教育观念是对生命的关怀,这也是小青虫课程活动的重心。孩子们在做出看护小青虫的决定后,就要承担相应的责任。为小青虫寻找安全的住所,让小青虫居住在干净的环境里,这是孩子们在养护过程中不得不面对的问题。在打扫小青虫粪便的时候,老师要求"小心操作,不能把虫子弄死,要把瓶子里的虫子屎、干叶子、乱叶子清理干净",孩子们寻找安全的方法把小青虫移出玻璃瓶后再对玻璃瓶进行清洗。后来发现瓶壁有虫卵后,又要想办法轻轻取出虫卵,吸管、卫生纸、筷子逐一尝试,才找到最合理、有效的方法。照顾小青虫不只是轻松、愉悦的游戏,更是沉甸甸的责任和付出。

　　第三个生命教育观念是让孩子们体会到生命的无常。在照顾小青虫的过程中,孩子遭遇了小青虫的死亡。他们对小青虫死亡的原因进行了认真的讨论,也在养护的过程中面对了生命无常的事实。虽然让孩子们面对小青虫的死亡既残酷又伤感,但恰恰是生命的短暂和脆弱才更有助于激发他们对生命的珍视。

　　对幼儿来说,生命的宝贵不是通过成人的语言来理解的,而是通过切身的行为来体验的,就像《小青虫的故事》中做的那样。

(四川师范大学　彭俊英)

大班

小鸡的故事

山东省德州市经济技术开发区跃华学校幼儿园　王月伟　柳　敬

持续时间：2018年4月至7月

年龄段：大班

缘起："一场"预谋""

2018年春天，有同事在家中用孵化器孵化了小鸡。在孵化工作伊始，老师就找到一位开展孵化工作的同事商量：小鸡出生以后，他们班级想领养几只。

之所以决定领养小鸡，主要基于以下两点考虑。

第一，孩子们从小班到大班第一学期，在班级里饲养过金鱼、乌龟、蝌蚪、蝈蝈、毛毛虫、蜗牛、蚂蚁等小动物，也轮流照顾过幼儿园生态园里饲养的大公鸡、母鸡和兔子，但是，他们还没有过近距离观察、照顾刚刚出生的小鸡并陪伴它们渐渐长大的机会和经验。小鸡从出生到长大历时较长且外形变化较大，老师认为饲养小鸡的过程，不仅会丰富孩子们的饲养经验而且能给他们提供更多观察、思考和表达的机会。

第二，小鸡虽然相对容易饲养，但是，刚出生的小鸡并不太好养，娇嫩柔弱的它们一定会给孩子们带来挑战，而这种挑战有助于发展孩子们面对生命的爱心和耐心。

同事一口答应了老师的请求。至此，"预谋"完成。

一场自然观察

虽然老师预设了这次领养活动，但是老师对孩子们的态度却没有充足的把握。2018年4月23日下午,老师将6只刚出生的小鸡带到班里,什么也没有说,只是将装有小鸡的纸盒子直接放在饲养角一张便于观察的桌子上——老师想先看看孩子们对小鸡的反应,再做决定。

小鸡进入教室的那一刻,一下子就吸引了孩子们的注意力。有的孩子轻轻地用手抚摸小鸡,有的孩子拿来馒头准备要喂小鸡,有的孩子互相讨论着关于小鸡的话题……看到孩子们的表现,两个"预谋者"会意地交换了一个眼神——小鸡饲养之旅就此拉开帷幕。

小鸡在大盆里安了家

小鸡的到来,让孩子们兴奋、雀跃不已。

高兴过后,细心的乐乐提出了自己的想法:"可爱的小鸡们住在这小盒子里太挤了,我们给小鸡换一个大一点的家吧?"听到孩子的提议,老师按捺住内心的欣喜追问道:"到底该把小鸡放在哪呢?"

琳琳说:"我们需要找一个大一点的容器来放小鸡。"乐乐说:"我觉得可以找个大箱子来放小鸡。"浩然是个行动派,在大家讨论的过程里,悄悄跑到洗手间拿来一个盆说:"咱们班的盆比较大,用这个放小鸡可以吗?"孩子们同意了浩然的提议——6只小鸡在大盆里安顿下来,成为大二班正式的新成员。

陈鹤琴先生说:"凡能使孩子快乐的刺激容易印刻在孩子的脑筋里。"通过孩子们对小鸡的反应,老师认为小鸡一定会让孩子们有全新的感受和不同寻常的体验。

一场讨论和探索

小鸡的住所解决了,紧接着需要重点解决的就是如何照顾小鸡。

"我们怎样照顾这些小鸡呢?"老师把这个问题抛给孩子们进行讨论。

通过讨论发现:孩子们对于刚出生的小鸡吃什么、需要注意什么等具体事项是缺乏经验的——这也是意料之中的事情。于是,大家决定回家问问自己的家人或查找资料来寻找答案。

第二天入园后,孩子们争先恐后地分享他们的收获。菲菲说:"妈妈告诉我,刚出生的小鸡只能吃小米。"宝宝说:"我妈妈还说小米需要拿热水泡一泡,泡软了才能喂给小鸡吃。"浩然说:"刚出生的小鸡不能喝水,一喝水它就会死。"乐乐说:"小鸡怕吵,害怕别人大声尖叫。"宝宝补充说:"妈妈给我读的那本书里还说了,刚出生的小鸡怕冷,它们喜欢温暖的地方,咱们要找一个暖和的地方。"赫赫说:"小鸡刚出生的时候骨头特别软,而且我们手上有细菌,如果我们摸它就会把它摸死,所以不能摸它,也不能吵它。"……

讨论完"如何照顾小鸡"这个话题之后,孩子们又提出了"该由谁来照顾小鸡"等问题并进行了热烈的讨论。

一套照料规则

讨论后,孩子们决定由值日生轮流照料小鸡,他们还梳理归纳出了照料小鸡的规则:

① 不要对着小鸡大声喊叫!

② 不能随便摸小鸡!

③ 不可以把小鸡抱出"房子"!

④ 不可以给小鸡随便喂水!

⑤ 不能用尖锐的物品指向小鸡!

经过对照料小鸡相关知识的搜集、讨论与分享,孩子们对小鸡的生活环境、饮食以及照料小鸡的注意事项等已有了基本的认识。令老师感到开心的是:面对需要解决的问题,孩子们能够积极探索、主动学习。在这个过程中,老师也深深地体悟到:相信孩子,放手让孩子去做,是支持孩子成长最好的方式之一。

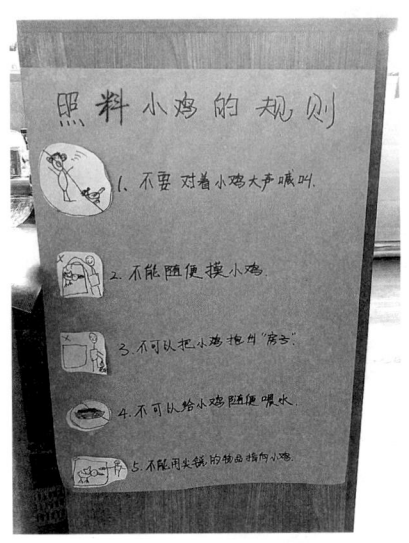

图 1　照料小鸡的规则

一场生命的告别

虽然孩子们用心地照顾小鸡,但不幸的事情还是发生了——一只小鸡因拉肚子死去了。小鸡的死亡让孩子们感到很悲伤,面对孩子们悲伤的情绪,老师找来了绘本《鸟儿在唱歌》,静静地和孩子们一起欣赏。通过绘本欣赏,孩子们对死亡有了新的认识,知道了该如何面对小鸡的死亡。孩子们逐渐平复了悲伤的情绪,纷纷为小鸡祈祷,还主动要求给小鸡举行一场葬礼。于是,我们一起来到生态园,为小鸡挑选合适的埋葬地点。

琳琳说:"埋在鸡舍后面吧,我觉得这个地方阳光好,这样小鸡会感到很温暖。"浩宇说:"把小鸡埋到月季花池里吧,有鲜花的陪伴小鸡一定会很开心。"菲菲说:"埋在杏树下吧,因为杏树是我们的班级树,这样小鸡就可以和我们的杏树做伴了。"佳佳说:"我妈妈说人去世以后一定要埋葬在安静的地方,咱们给小鸡也找一个安静的地方吧。"……

最终,孩子们选择了一个安静又有阳光照射的埋葬地点——一棵柏树旁边。

埋葬仪式开始了,孩子们小心翼翼地把小鸡埋葬好,并采来鲜花、小草放在坟墓上。这时有孩子提议,为小鸡唱一首《祝你去天堂快乐》的歌曲(歌曲是孩子们根据《祝你生日快乐》而创编的)。一场隆重的生命告别仪式在孩子们真挚的歌声中结束……

图2 用鲜花和小草装扮小鸡的坟墓

看到孩子们一张张肃穆的小脸,老师的眼睛也湿润起来,老师的心再次因孩子们纯真无染的爱而变得愈加柔软。

一个新的角色:小鸡体检员

小鸡的突然死亡,让孩子们对其他小鸡的身体健康状况更加关注了!他们开始担心其他小鸡会突然死亡。孩子们开始讨论小鸡的健康问题。

老师及时向孩子们抛出了一个问题:如何能够及时了解小鸡的健康状况并进行疾病预防呢?经过讨论,孩子们决定每天为小鸡进行体检。

那么如何为小鸡进行体检呢?孩子们基于自己的体检经验,选择用两种方式给小鸡进行体检:观察和称量体重。于是一个新的角色——小鸡体检员诞生了。

1. 观察

关于观察,孩子们围绕"观察什么""谁来观察"和"观察后做什么"三个问题展开了集中讨论。

关于"观察什么"——孩子们最终确定了三个观察项目:

① 小鸡的便便情况如何?

② 小鸡的饮食情况如何?

③ 小鸡的精神状态如何?

关于"谁来观察"——孩子们确定了由值日生担任小鸡体检员进行观察。

关于"观察后做什么"——孩子们商定进行记录并共同设计了记录表格供体检员记录使用。

图3 体检员记录的小鸡身体情况

2. 称量体重

(1) 确定称量的工具。

关于称量体重,孩子们首先面临的是该用什么称量工具。

乐乐说:"咱们可以用菲菲阿姨的体重秤称小鸡。"琳琳反驳道:"小鸡那么小,体重秤太大了,我觉得可以用一个小秤来称。"宝宝说:"嗯,我家里有一个做蛋糕用的小秤,我明天带来。"对于琳琳的想法,孩子们表示赞同,宝宝也提供了材料上的支持。第二天,宝宝将电子秤带到了幼儿园。

(2) 困难重重的称量。

有了称量工具,体检员赫赫迫不及待地把小鸡放到了电子秤上,结果小鸡跑掉了……

赫赫很着急:"这可怎么办呢?"浩宇说:"我们把小鸡用绳子捆起来吧?"他的话刚落,就遭到了孩子们的一致反对:"不能伤害小鸡,把小鸡捆起来它会疼的。"菲菲说:"妈妈称弟弟的时候就把弟弟放在竹筐里。我们也可以找个东西把小鸡放进去,这样小鸡就不会受伤,也不会跑出来。"

大家都觉得菲菲的办法非常好。可是什么样的容器合适呢?于是孩子们对容器的探索开始了。有的孩子找来了玩具筐,发现太大;有的孩子找来了酸奶杯,发现太小……经过不断寻找、对比、操作、交流,孩子们找到了一个比较合适的容器——橡皮泥盒。

称量工作得以继续。

赫赫轻轻地把小鸡抱起来,慢慢地放到盒子里,电子秤上出现了稳定的数字。"耶,我们成功了!"孩子们高兴地欢呼着。这次成功的体验不仅丰富了孩子们的称量经验,还锻炼了孩子们的观察力、思考力,更增强了他们的自信心以及使他们获得解决问题的成就感。

孩子们记下电子秤上的数字,将小鸡放回盆里,继续称下一只小鸡。就在这个时候,孩子们又发现一个新的问题:把称过的小鸡放回盆里后它们与没称过重量的小鸡混在一起,根本无法分辨哪只是称过的,哪只是没称过的。

面对新问题,孩子们并没有气馁,当即又进行了讨论。乐乐说:"我们给小鸡做个标记吧,这样就能区分小鸡了。"糖糖说:"我觉得可以给小鸡起个名字,就像我们一样,有了名字就知道是谁了。"欣欣说:"可以再找个箱子啊,称过的小鸡放在一起,没有称过的放在一起,这样也能分开。"……

每个孩子的想法都有一定的道理,孩子们经过沟通商量后,决定给每一只小鸡都起一个名字。菲菲说:"我觉得应该叫'小黄',因为小鸡的颜色是黄色的。"平平说:"我想到的名字是'小可爱',我觉得小鸡非常的可爱,就像小宝宝一样。"赫赫说:"我想给小鸡起一个叫'灵灵'的名字。"宝宝说:"'圆圆'这个名字好听,我妈妈的名字里有个'圆'字,就叫'圆圆'吧。"琳琳说:"小鸡长得毛茸茸的,咱们叫它'毛毛'吧。"

孩子们积极地表达着自己的想法,都想让小鸡用自己起的名字。通过投票,"小可爱""小黄""灵灵""兵兵""毛毛"五个好听的名字诞生了。

就在这时,晓晓又提出了一个问题:"五只小鸡长得一模一样,哪一个叫毛毛呢?"她的问题引起了大家的思考。突然,欣欣兴奋地喊起来:"我想到了,咱们可以在小鸡的腿上做标记,我见过奶奶家的鸭子,它们的腿上都系上了不同颜色的绳子。"大家一致赞同欣欣的办法,还商讨出了系绳子的注意事项:

① 五只小鸡分别要用不同颜色的线来表示。

② 系在腿上的绳子要松一些,不能太紧让小鸡难受。

③ 腿上的绳子不能太长,太长了会影响小鸡走路,还会绊倒小鸡。

④ 小鸡腿上的绳子随着小鸡的长大要及时更换掉。

达成一致后,孩子们去美劳区拿了不同颜色的毛线,在老师的帮助下,分别给兵兵、小可爱、毛毛、小黄、灵灵系上了黑色、玫红色、粉色、紫色和棕红色的毛线。在系绳子的同时,孩子们一边不忘提醒老师"老师,你轻点,别系得太紧,别勒着小鸡",一边还不忘安抚小鸡:"小可爱,你要乖乖的啊,给你系上绳子我们就知道你是谁了,一定要乖乖的,不要乱动哟。"

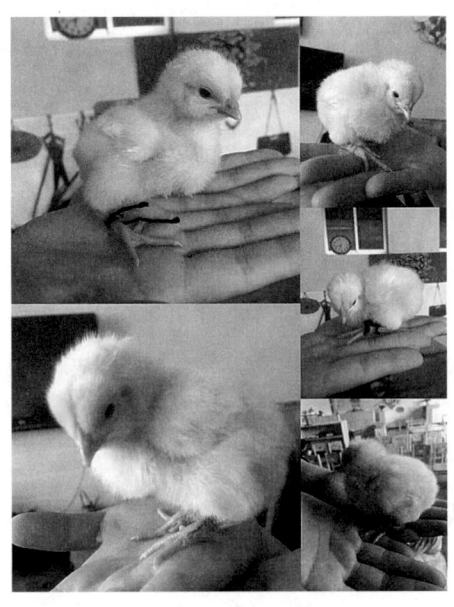

图4 做好标记的小鸡们

小鸡们有了各自的名字，称量工作终于可以正常开展了。经过称量可知，兵兵 76 g，毛毛 70 g，小黄 68 g，灵灵 74 g，小可爱 75 g。我们把五只小鸡的体重写在了黑板上。这时，菲菲质疑道："老师，你算得不对。""哪里不对呢？"菲菲说："你称的重量是小鸡和盒子的，不是小鸡的，应该减去盒子的重量才可以。"因为菲菲家每次称弟弟的时候，妈妈都是这么算的，所以，老师预设的问题就这样轻易地被菲菲发现了。最后，我们计算出小鸡们正确的体重——兵兵 50 g，毛毛 44 g，小黄 42 g，灵灵 48 g，小可爱 49 g。

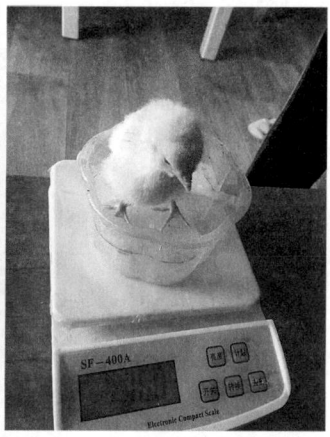

图 5　给小鸡称体重

图 6　小鸡的体重记录表

首次给小鸡称量体重，真可谓一波三折。但是，这些现实性的问题恰恰为孩子们提供了发现问题、分析问题、解决问题的机会。面对实际问题，孩子们在观察、讨论、设想、实际操作中,逐步丰富着自己的认知,建构着受益终身的学习态度和能力。

一场急救

1. 小鸡生病了

5月18日,小鸡体检员发现小可爱有些异常,症状如下:

① 垂着头蜷缩在角落。
② 平时叫的声音很大,现在叫声变小了。
③ 屁股上粘着一堆便便。
④ 体重下降了。

图7 生病的小可爱

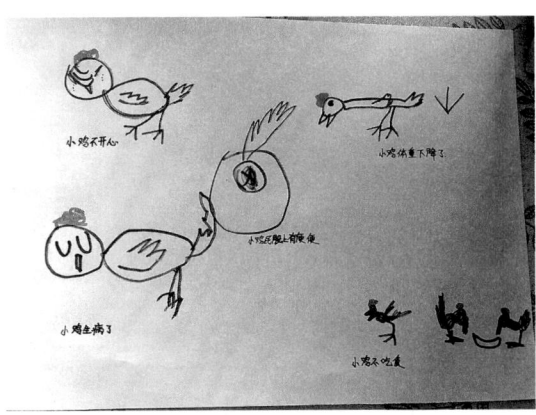

图8 小可爱的"诊断报告"

体检员把小可爱的症状告诉了班里的小朋友们,他们听后都很担心,纷纷询问:"小可爱是不是生病了?""会是什么病呢?""怎么才能治好呀?"……

为了搞清楚小可爱到底怎么了,大家向当兽医的萍萍爸爸发出了求助。萍萍爸爸来到班里,看了小鸡的状况,听了孩子们的"诊断报告",告诉他们小鸡得了一种常见的病:肠炎。

"叔叔,得了肠炎怎么办呢?""小鸡会不会死啊?""我们怎么照顾它啊?"……孩子们忧心忡忡地问。

萍萍爸爸安慰说:"只要给小鸡吃点药,并且让小鸡保持卫生就会好的。"

萍萍爸爸的话让孩子们松了一口气。萍萍爸爸耐心、详细地给孩子们讲解了照顾生病的小鸡的具体做法和预防小鸡生病的方法:① 生病的小鸡和其他的小鸡要分开隔离。② 按时给小鸡喂药,就和小朋友生病吃药一样。③ 小鸡需要呼吸新鲜的空气,这能预防它被病毒传染。④ 要适量给小鸡喂食、喂水,给小鸡吃的食物要容易消化,可以加些蔬菜,促进肠道蠕动。

图9　萍萍爸爸给小朋友们讲解预防小鸡生病的方法

2. 小鸡康复了

按照萍萍爸爸的方法,我们及时给小可爱喂了药,还进行了消毒工作。过了两天小可爱康复了,大家悬着的心也落地了。

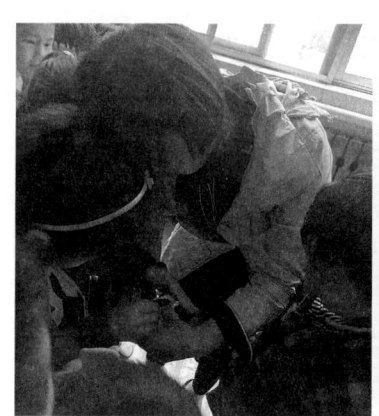 

图10　给小鸡治病

一个新的饲养方案

小鸡的病治好了,孩子们对小鸡的照顾更上心了,他们不断地探讨让小鸡更健康的方法。

1. 新的营养配餐

孩子们说小鸡生病刚刚好,该增加点营养。增加什么营养呢?围绕这个话题,大家一起在网上查找了资料,资料显示:出生一个多月的小鸡除了吃小米,还可以吃玉米面和适量的菜叶。了解后,孩子们调整了喂食方案,为小鸡准备了更丰富的营养餐。

图 11 给小鸡准备丰盛的营养餐

2. 带着小鸡去散步

除了科学的营养配餐外,资料还显示:小鸡需要适宜的光照和运动,这样不仅能减少得传染病,还能促进发育。于是,孩子们开始带着小鸡到生态园里散步。

当小鸡在草地上欢快地吃虫的时候,孩子们特别高兴。他们有的找来新鲜的叶子喂给小鸡吃;有的画下了小鸡吃虫子的场景;有的画下了小鸡散步的场景;有的甚至还画下了散步的路线图,说要告诉生病请假的浩浩,等浩浩回来可以带着小鸡来这个宝地散步,因为这里有草地、有虫子、有鲜花……特别适合小鸡玩耍。如此美好的画面,让老师感受到小鸡带给孩子们的快乐,更感受到人与动物的和谐相处,体现了孩子们对生命的关怀和尊重。

小鸡的故事

图 12　小鸡散步现场

图 13　绘画小鸡散步的场景

图 14　小鸡散步路线图

一场专题讲座

小鸡吸引了大一班小朋友的注意,他们提出想让小鸡去他们班做客的请求。面对大一班孩子们的请求,老师决定征求自己班孩子们的意见,让他们自主决定。孩子们的主张基本分为两种。子贤说:"我不想把小鸡借给他们,我担心他们让小鸡受伤。"昊林说:"我同意子贤的意见。"菲菲说:"让小鸡去做客可以,但是他们不会养呀!"景琛说:"大一班和我们班是好朋友,好朋友要学会分享,所以我同意小鸡去做客。"……在孩子们激烈的争论中,老师深刻感受到孩子们对小鸡的情感进一步升华了,他们对小鸡有了很强的责任感。老师追问:"那到底是去还是不去呢?"这时候浩宇给出了一个建议:"老师,我们来投票决定吧。"经过投票,他们以25:10的结果确定了可以让小鸡去大一班做客。"他们不会养小鸡怎么办?"菲菲还是说着自己的担心。佳佳说:"我们可以向他们介绍照顾小鸡的方法呀!"

真是一个好主意,孩子们纷纷想去介绍。这是孩子们分享照料小鸡经验的好机会,同时更是提升孩子们语言表达能力和自我表现力的好机会。于是我们在班里进行了一场"照顾小鸡攻略"演讲赛。最终佳佳和浩宇因讲解细致和全面被推选为代表去大一班做了一场"专题讲座"。有了"专业团队"的支持,大一班的小朋友和小鸡们度过了愉快的一天。

这次分享后,其他班级也开始饲养小鸡了。

图15　佳佳和浩宇在大一班介绍小鸡喂养经验

一场爱心救助

一天早上,孩子们在楼道里发现了一只小鸡,立即把小鸡带到了班里。孩子们围着小鸡讨论着这只小鸡是从哪里来的。

被孩子们紧紧围着的小鸡,恐惧地叽叽叽叫个不停。琳琳说:"小鸡,放心吧,我们会帮你找到家的。"晓晓说:"小鸡,有我们照顾你,别怕。"浩宇说:"小鸡的主人找不到它一定会很担心吧?我们赶紧把小鸡送回去吧。"小泽说:"我们去别的班问问吧。"说完他就和几个小朋友开始行动了。他们先去问了幼儿园西区四个大班,这些班级都没有丢小鸡。孩子们有点沮丧。

图16 走到其他班级为小鸡找主人

这时,若曦提出了一个新的建议:贴失物招领启事。这一提议一下子激发了孩子们的热情。他们立即行动起来,通过绘画的方式设计了失物招领的公告,并把公告张贴在了幼儿园公共区域最显眼的位置上。这个方法真是灵,不一会儿工夫,小鸡的主人们——中一班的孩子们就找上门来,一场爱心救助大功告成。

整个救助过程,从孩子们对小鸡的关爱中,老师深深感受到他们那份对生命的尊重之情;从他们对失主的担心中,深深感受到他们那颗珍贵的同理之心;从他们全心全意的实际行动中,深深感受到他们那份真切的责任感和使命感。

图 17　张贴失物招领启事，给小鸡找主人

图 18　中一班小朋友来认领小鸡

一场美丽的搬迁

日子一天天过去，小鸡们在慢慢长大。站在小鸡健康成长的角度，盆子里的天地和班级的环境都已经不再适合它们了。它们需要更宽阔、更自然的生活空间。经过协商，大家决定来一场美丽的搬迁——把小鸡送到生态园的鸡舍里。

小鸡住进"大房子"以后，孩子们不能时时刻刻和小鸡们面对面互动了，但是他们坚持每天去生态园看望小鸡，并继续为小鸡准备丰盛的食物。时间并没有阻碍与减弱孩子们对小鸡的爱……

结　语

7月,毕业季来临了。离园的那一天,孩子们特意来到鸡舍前与他们的小鸡告别:"我们会想你们的……""会来看望你们的……""我们爱你……"……

10月8日,有一只小鸡做了妈妈,生出了第一枚蛋宝宝,老师及时把这一好消息通过原来的班级群告诉了已经是一年级小学生的孩子们。孩子们收到消息,很开心……

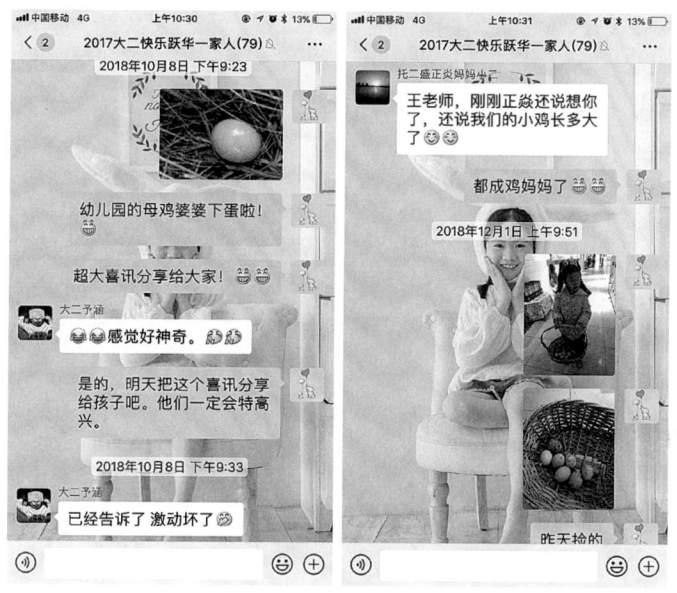

图19　班级微信群里的分享与讨论

在两个多月饲养小鸡的时间里,孩子们不仅了解了小鸡的饮食习惯,还知道了照料小鸡的方法及注意事项。除此之外,面对突如其来的事件,他们通过观察、猜想、讨论、分析、判断、分享,培养了优秀的学习品质,他们走进小鸡的生命、陪伴小鸡成长,获得了对生命更加深刻的体悟。这份收获将沉淀到内心,浸入到孩子们的生命里。正如爱因斯坦所说:"教育就是当一个人把在学校所学全部忘光之后剩下的东西。"多年以后,或许孩子们已经不记得曾经发生过的关于小鸡的故事,但这份美好体验将为孩子的生命留下不同寻常的意义。

饲养小鸡的过程,不仅是孩子学习与发展的过程,也是教师不断学习与成长的过程。在本次活动中,教师对小鸡这一资源有了更深入的思考,对课程也有了更深入的把握;对"每个孩子都是有能力有自信的学习者和沟通者"这一理念更加深信不疑;通过倾听、观察、分析、评价、支持孩子,获得并积累了更多的教育智慧。

专家点评

居住在钢筋水泥的丛林、生活在城市中的儿童很难有喂养小动物的机会,而幼儿的天性使他们跟小动物非常亲近。《小鸡的故事》中的老师抓住了同事在家中用孵化器孵化了小鸡的机会,创造了幼儿喂养小动物的可能。

在《小鸡的故事》中,老师不但善于抓住身边的资源,还敏锐而专业地"制造"幼儿学习的挑战。活动的起源是,老师判断"刚出生的小鸡并不太好养,娇嫩柔弱的它们一定会给孩子们带来挑战,而这种挑战有助于发展孩子们面对生命的爱心和耐心。"活动的开展果然符合老师的预料。孩子们在养育小鸡的过程中,遭遇到了很多挑战,包括:

把小鸡放在哪里?

刚出生的小鸡吃什么?需要注意什么?

小鸡夭折以后怎么办?

如何知道小鸡是健康的?如何为小鸡进行体检呢?如何给小鸡称重?如何区分外表看上去一样的小鸡?如何计算小鸡的重量?

小鸡生病了怎么办?

如何给小鸡增加营养?

能不能让小鸡去其他班做客?如何给其他班的小朋友分享照顾小鸡的经验?

怎么救助迷路的小鸡?

……

在活动中,老师抓住孩子们在喂养过程中的问题,让幼儿面对这些挑战,孩子们就在迎接这些挑战的过程中获得成长。在《小鸡的故事》中,孩子们在照料小鸡的过程中除了知道了小鸡的饮食习惯、照料小鸡的方法及注意事项外,他们还收获了主动面对问题、积极解决问题的体验,愿意把小鸡分享给其他小朋友的胸怀,送迷失的小鸡回家的爱心。

就幼儿园课程资源的发现而言,最优质的课程资源从来都不在远处,而是在幼儿的身边。挖掘幼儿生活中那些平常的资源中埋伏的挑战并让幼儿在面对这些挑战的过程中获得发展,这是幼儿园教师在课程建设中不断努力做的事情。

(四川师范大学 彭俊英)

稻草房子装修记

江苏省南京市香山路幼儿园　童兰蝶

持续时间：2017年11月至2018年5月

年龄段：大班

缘起：稻草房子"生病了"

　　大三班的门前有一座上一届大班建造的稻草房子，每天孩子们都会多次经过这里。散步的时候，有的孩子还会从上面拽下一两根稻草，当成武器和玩斗草的道具。男孩子喜欢跑进跑出把房子当成掩护。最近一段时间，稻草房子旁边开了一家"奇妙餐厅"，孩子们常常把游戏道具带到房子里玩。于是，有的孩子提出想在稻草房子中玩游戏的愿望，带着这种强烈的愿望，孩子们开始自发走进稻草房子玩游戏。

　　进入稻草房子玩游戏之后，我们再次展开了讨论：你们喜欢稻草房子吗？说喜欢的孩子觉得稻草房子像家一样安全，可以和好朋友在里面说悄悄话，可以玩很多种游戏，可以当娃娃家，可以当医院，还能当商店，可是里面太乱了，要是能干净一点，再有点玩具就更好了。说不喜欢的孩子觉得稻草房子里面什么都看不清，没有灯，太黑了，而且稻草掉得到处都是，房子的墙也全是破洞，一点都不好看，还有股难闻的怪味，门太小了，小朋友钻进钻出不方便，稻草房子被撞得摇摇晃晃好不安全，真的很不适合在里面玩游戏。这时，有一个小朋友说他觉得稻草房子一定是"生病"了，因为人在生病的时候没有精神很难受，才会摇摇晃晃的。他的这一说法得到了其他小朋友的认可，孩子们又开始讨论起来。有的孩子说妈妈生病的时候头发也是乱糟糟的像稻草一样;有的说人生病的时候就是身体的某个器官出了问题,就像是墙破了洞;还有的说病人身上也会散发出奇怪的味道。最后,孩子们都觉得,如果想在稻草房子里玩游戏,就必须先给它"治病"。怎么给稻草房子"治病"呢?有的孩子说要把掉在地上的稻草捡起来,有的孩子说要把墙上的洞补起来,有的说要给房子装上灯……老师提示道:"你们想要做的这些事情,如果用一个词来概括,是什么?""装修!"在老师的提示下,孩子们提炼出了"装修"的概念并向老师提出他们想要重新装修稻草房子。

陈鹤琴先生指出:要以幼儿为主体,将游戏的主动权交给幼儿。进入稻草房子玩游戏是孩子们的愿望,教师遵循了他们的兴趣;游戏中对稻草房子的利用,满足了他们对游戏场地、场景的需要。对于大班的孩子来说,发现稻草房子存在的问题,并结合生活经验提出有针对性的策略去解决问题,有助于促进他们主动探索和逻辑思维能力的发展。教师以引导者的身份启发孩子,将"治病"与"装修"联系起来,使孩子获得了新的经验。

图 1　不能玩游戏的稻草房子

记录问题,制订装修计划

对于接下来的装修工作,孩子们跃跃欲试。"我们要把稻草房子装修成什么样呢?"结合已有游戏"奇妙餐厅",有孩子提出:"我们就把稻草房子做成新的餐厅吧,正好我们的'奇妙餐厅'就在对面,原来的餐厅每次都坐不下,我们把稻草房子也变成餐厅吧!"这个提议得到了班上所有孩子的认同。通过调查了解到,孩子们对装修有一定的认识,像雯雯爸爸是家装设计师,也有孩子家里正在装修。那么我们要怎样装修呢?哪些地方需要装修呢?"看,这个墙上破破烂烂的一点也不好看,这里还有两个大洞。我去过的餐厅都是很漂亮的!""稻草掉得满地都是。""我觉得要先把里面的稻草打扫干净,要是吃饭时吃到不干净的东西还会拉肚子!""我觉得这个门太低了,每次都要弯着腰才能进去,而且有的地方用胶带,有的地方用绳子,一点都不美观。""房子里面太黑了,要装上灯才行!""我觉得还要放桌子、椅子,这样才能吃饭啊。""对!还要放上餐具。"孩子们七嘴八舌地说了很多自己的想法,并用绘画的方式把自己的发现和解决策略记录了下来。

图2 记录下发现和解决策略

接下来大家开始为先做什么、后做什么争论不休。"有谁能说说你们家里是按什么顺序装修的?"天天说:"工人是先刷墙铺地板,之后我们一起打扫卫生,最后买家具放进去。"根据天天的经历,孩子们将计划的事情进行了分类,最终商定将装修过程分为硬装和软装两个阶段:① 硬装——整理墙面和地面的稻草,让房子变干净;② 软装——增加家具物品。

有了认真观察和亲身体验,孩子们在做装修计划时能根据稻草房子的现状,有针对性地根据自己的发现提出整改意见,有装修经历的孩子还能清楚地表达自己参与过的装修过程。最终,孩子们通过归纳分类,制订了初步的装修计划。

硬装

1. 打扫真是个技术活

要让房子变干净,一定少不了打扫的工作。孩子们从教室拿来了扫帚,可是稻草太长了,没有办法扫进小小的簸箕里,于是孩子们选择了用手去整理。可是里面灰尘很大,在房子里拾稻草的轩轩连续打了几个喷嚏,最后实在忍不住跑出来"呼哧呼哧"地喘气,"我的天,憋死我了,我都不能呼吸了!"还一个劲地扇风表现自己的难受。问题来了:灰尘给我们的工作带来了不便,也不利于我们的身体健康,要如何解决呢?

婉婉说:"戴上口罩吧!"球球说:"我们可以像消防演习一样用毛巾捂住口鼻。"轩轩说:"班上擦手用的毛巾不就能用嘛!我看电视里的蒙面大侠都是用一块三角形的布一扎就行了。"他的想法得到了孩子们的认可,轩轩因此还获得了"蒙面大侠"的称号。

图3 一起来整理

一个上午的时间,地面上的稻草就都被孩子们清理出来了,可是才两天的工夫,孩子们又发现地上掉了不少稻草,这是怎么回事呢?

"是不是上次有的稻草我们没看到啊?""不可能!我可是检查了好几遍的呢!""会不会是有的小朋友又把稻草房子上的稻草给拽下来了?""哎呀,那我们是不是又要重新打扫了?真气人!"老师适时提醒道:"小朋友们别生气,我们一起来仔细看一看,哪的稻草掉落得多?"

通过仔细观察,孩子们发现房子的正面和侧面的地上稻草掉落得比较多。孩子们不一会儿就发现了真正的原因:这些地方的稻草扎得比较松散,即使不是故意的,也会轻轻一碰就掉下来。"我们怎么知道哪些地方的稻草不牢固呢?"孩子们提议先把不牢固的会掉的稻草拆下来。"我们可以用手把每一根都拽一拽,如果能被拽下来,那么这里的稻草就要重新绑。"很快,孩子们发现稻草房子的正面和左侧的稻草都有掉下来的危险,难怪打扫干净的稻草房子很快就变脏了,孩子们很快将两侧的稻草全部拆卸下来。此外孩子们还发现低矮的门帘很不方便,也需要拆除。

孩子们需要一个干净的稻草房子开展游戏,为此他们开展了劳动,这是一个真实的、被需要的劳动,从孩子们的表现中我们看到孩子们积极思考的态度和对打扫工作的热情主动。一开始,他们结合生活经验尝试使用常规打扫工具,可是在使用的过程中却发现常规工具的不适宜性。在随后的劳动中他们又遇到了新问题,老师用提问的方式引导孩子讨论该如何保证我们身体的健康,鼓励孩子自己想办法,孩子们结合生活经验,立刻给出了很多非常好的提议。几天后,当孩子们发现打扫好的稻草房子又脏了而产生消极情绪的时候,老师通过语言安抚孩子的情绪,引导孩子观察并思考问题发生的原因,转移孩子注意力,鼓励孩子自主寻求解决的方法,期待孩子的发现与探究。

2. 怎样捆扎才既美观又牢固呢

正逢我们"惊奇一线"的主题活动刚刚结束,孩子们对用绳子捆扎、打结有了一定经验,孩子们提出稻草房子上的稻草总掉下来,他们想自己尝试捆扎稻草。老师建议孩子们可以先用其他东西练习,于是在区域中提供了冰棒棍、吸管、丝带、麻绳、粗棉绳等材料,孩子们主动用这些材料模拟捆扎。孩子们先将冰棒棍整理成整齐的一把,再用一根绳子缠绕一圈后打两个结,虽然动作比较生疏,但可以一个人完成。在捆扎吸管的时候却碰了壁,他们发现吸管是圆形的会滚动,在打结的时候一个人无法完成,于是他们自发地进行了合作,一个人竖直握紧吸管下端,另一个人在中间捆扎。捆扎中,孩子们发现吸管的捆扎难度比冰棒棍大,而且需要合作,而丝带的材质光滑,打结的时候会打滑,不太适合捆扎,反之麻绳与粗棉绳比较粗糙,更便于使用。于是,孩子们决定将麻绳和粗棉绳作为捆扎稻草的首选辅助材料。

图4　发现捆扎的秘密

在实际操作中,孩子们发现了稻草与吸管的相似之处:它们都很有弹性。但是稻草更长,捆扎时需要更多人帮忙。大部分小组费了很大工夫依然不能将稻草捆紧。孩子们讨论道:"为什么捆不紧?到底要怎样捆呢?"于是,他们纷纷求助老师,通过对比观察老师捆扎的稻草,孩子们了解到在捆扎时要多缠绕几圈,并且每一圈的绳子都要收紧,协助握住稻草的人要握紧捆扎位置的两侧,这样才能把稻草扎成紧紧的一捆。带着新经验,孩子们再次尝试捆扎。这次大家捆得很牢固了。可是,稻草的两头却像扫帚一样炸开了,不像冰棒棍直直的,对此,有孩子提议把稻草的两头也捆起来,这样一捆捆漂亮又牢固的稻草就扎好了。

图 5　不一样的稻草

可是捆扎好的稻草要怎样安到稻草房子的框架上面去呢？孩子们又展开了新一轮的探索。有的小组想一捆一捆地将稻草捆扎在竖着的木框上，但在捆第三捆的时候，稻草捆并没有像他们希望的那样成为一横排，而是变成了更粗的三角形的一大捆；有的小组想用悬挂的方法把稻草捆挂在横着的木框上，左右的位置确定了，可下面没有横木固定，稻草捆就像在荡秋千一样前后摇摆得厉害。看到孩子们垂头丧气的模样，老师引导孩子们先逐个展示自己小组的方法，并说说自己遇到的麻烦，看看其他小组有没有解决的方法。最终在小组之间的经验分享中，孩子们发现用左右固定和上下固定相结合的方法，很可能会使稻草捆更加牢固。再次尝试后，孩子们证明了自己的结论，在先悬挂住一捆稻草捆后再将后一捆稻草捆与前一捆稻草捆固定在一起，一个接一个，这样稻草捆既不会左右变成一捆，也不会前后摇摆了。

罗杰斯指出，提供学习资源，让孩子参与体验学习的科学研究，让孩子在简单层次上成为科学家，寻找问题的答案，可以促进孩子的学习。教师在区域中有意识地提供不同材质的多种材料，让孩子自主尝试捆扎，通过探究操作，他们发现了材料的不同特点和适宜性，并发现了材料之间的相似之处，将内化的经验与感受相结合并进行推测，最终选出了最优的捆扎材料。

图 6　荡秋千的稻草

捆扎操作是有很大难度的,孩子们根据需要自发形成了学习小组,如:在捆扎吸管时两两合作,在捆扎稻草时多人合作,并形成了较为固定的操作组。在合作的过程中,孩子们也遇到了很多的问题,他们一次次地尝试,仍然没有成功,最后孩子们选择求助老师。老师及时给予技术支持与指导,有助于孩子直接掌握知识、理解学习过程,孩子在习得新经验后进行尝试,最后获得成功和自信。

之后,在孩子们固定稻草捆遇到困难时,老师采用小组学习方式,请大家交流自己固定稻草的方法,鼓励孩子们吸取他人的优点,促进经验的提升。

3. 没有窗户怎么行

今天天气很好,太阳从窗户晒进走廊,有孩子提出:"我们的教室很亮,但是稻草房子很黑。""我们可以做一个大的窗户让太阳光照进来!"还有人提议:"原来的窗户太小了,头都伸不出去,为了让里面的人看到外面的风景,我们应该把窗子开大一点!"孩子们开始为开窗做计划。可是窗户是什么样的?开在哪里?开几个?开多大呢?为此,大家再次展开讨论。"装透明的玻璃窗吧!""不行,玻璃太重了安不上去,掉下来小朋友会受伤的!""窗户还能用来递东西,很方便,装了玻璃不安全也不方便。""我们可以把原来的纸板窗户拆掉,这样窗户就大了呀!""对呀,我们捆扎的时候留出一个位置做窗户不就行了。"

图7 窗户设计师

通过讨论，孩子们决定拆除原来的纸板窗户，用捆扎稻草时留出一定位置的方式做出新的窗户。

在实际操作过程中，他们还发现如果顺着一个方向捆扎稻草，捆的数量不够多，经过讨论，他们决定用对称的方法，从两边向中间将还未扎完的稻草捆绑，最后剩下一个正方形的小窗户。房子的另一面，孩子们决定用同样的方法开一个更大的窗户，用于多人一起观景。在这一过程中，小组内部也出

图8 开工喽！

现了分工。个子较高的孩子负责捆扎高处的稻草，对于够不到的地方，有孩子主动搬来了小椅子，并扶住椅子保护站在上面的同学；有的孩子主动地将稻草搬运过来，然后到房子内部配合外面的孩子进行捆扎，或是扶着稻草，或是帮助缠绕，忙得热火朝天。经过两周的工作，我们的稻草房子变得既干净又漂亮。

软装——餐厅，我们要美美的

哇！稻草房子真干净，现在可以开始进行"奇妙餐厅"的布置了。餐厅是什么样的呢？雯雯提议："要装上漂亮的窗帘，放上餐桌和椅子，桌上有餐具。"

通过网络上的餐厅图片,孩子们了解了餐厅的样子。他们发现餐厅的墙上有很多漂亮的装饰,还悬挂着很多漂亮的画,桌面上会铺着漂亮的桌布,摆放着鲜花,看起来美丽又温暖。

"我觉得,稻草房子里还可以挂盏漂亮的灯或者点上蜡烛,这样就更亮了!""电视里叫烛光晚餐!"电灯和蜡烛安全吗?立刻有孩子提出稻草房子容易着火,小朋友不能玩火的反对意见。天天说:"电灯需要插电,小朋友不能随意触碰。"而且稻草房子附近也找不到电源,那怎么办呢?科学区的电路游戏给了孩子们灵感,充电器和电池都可以提供电。有的孩子提到家里的充电式帐篷灯,有的孩子决定带圣诞树的彩灯。孩子们画下了设计稿,并在幼儿园和家里展开了收集工作。

图9 物品大收集

收集好物品后,孩子们开始布置喽!椅子太矮了,他们搬来桌子站在上面给房顶装饰;原本想搬进去的饭桌因为门比较窄搬不进去,他们找到了纸箱并铺上花布代替;有的孩子从自然角搬来绿植放在桌子上;有的孩子通过合作挂上纱制窗帘;有的孩子将自己在学校画过的画作挂进了稻草房子,整间房子变得更有艺术气息啦。

图10 动手来装饰

软装结束后,"奇妙餐厅"开业啦!孩子们在餐厅里玩得不亦乐乎。

些许破旧的稻草房子最终变成了孩子们喜爱的"奇妙餐厅",在此活动过程中,孩子们通过相互合作、不断尝试和解决问题,最终获得了成就感。稻草房子的装修告一段落,"奇妙餐厅"的游戏仍在进行。孩子们又开始讨论起主题餐厅的布置,如布置成圣诞节风格的、迪士尼风格的等。孩子们还会迸发出什么样的灵感,真是令人期待呢!

图11 "奇妙餐厅"开业啦

教师的感悟

1. 充分相信幼儿——从不可能到可能

装修这件事对于大人来说也是一件困难又复杂的事情,更何况是孩子。活动之前,老师觉得让孩子们装修稻草房子是有巨大困难的,可孩子们强烈的游戏需求与愿望,让老师决定先让孩子们去试试看。在这一过程中,孩子的能力在不断地激发和生长,如捆扎的活动中,孩子们通过自主探索、同伴合作、小组交流等方式,攻克了一个又一个的难点,最终获得了成功,将装修这件对于孩子来说高难度的事情从不可能变成了可能。

2. 在装修中遇见 Stem,促多元智能发展

Stem 是科学、技术、工程、数学的统称。一听到"装修"这个词,首先想到的是:这是一个工作量很大的工作,它应该融合了各个领域的知识技能。孩子们也是第一次接触到这么庞大的工程。

稻草房子的装修是孩子们的真需求,稻草房子的打扫是孩子们的真劳动。为了实现进入稻草房子玩游戏的最终目标,所有孩子一同制订计划并探索实践。如何来装修?从哪开始动手呢?教师放手让孩子去观察思考,引导孩子交流讨论,指导计划设计,孩子们第一次理解了只有看得懂的设计才能用于完成计划,统筹的概念逐渐进入孩子们的世界。如何确定烦琐的装修工作的顺序呢?通过教师的引导和孩子们的讨论,大家将装修工作进行了分类,结合已有经验,最终形成恰当的装修顺序。活动中,这么多小伙伴每个人要做什么事呢?人员怎样分配呢?于是学习小组很快地形成了,组内的分工变得更明确,幼儿的合作意识也逐渐增强。

3. 教师的退位

(1) 环境的支持。

在孩子游戏的过程中,教师应创设良好的环境来支持和回应孩子的想法。例如,给孩子创设一个能在其中进行探索并有大量时间检测自己想法的环境,因为孩子需要时间和材料进行互动来检测、评价和理解他们自己的想法。丰富的材料,为孩子尝试新的任务、更高难度的任务提供了机会和可能性。

(2) 观察与引导。

《纲要》中指出:教师在教育过程中应成为幼儿学习活动的支持者、合作者、引导者。教师在游戏的过程中时刻关注孩子的行为,研究孩子是如何操作材料、获得经验的,通过谈话、讨论的形式,了解孩子的思想,并向孩子提出能促进其深度思考的问题,激发孩子主动思考,鼓励孩子不断尝试解决困难、主动探究。孩子的认知不再是一个一元的、不可量化的概念,而是一个更丰富的体系。

专家点评

搭建、制作通常是幼儿高度自发、富有兴趣的一项活动。今天,不少幼儿园都在开展建造、修葺和装饰房子等方面的活动,我们在此类活动中经常可以看到幼儿的自主、愉悦、成长和创造,其中自主就像河流的源头,孕育出课程的流淌和持续不断的学习。南京香山路幼儿园的装修稻草房亦是如此。

走进稻草房、发现问题、制订装修计划、加固稻草房、制作窗户、装扮成为"餐厅"……每一个环节的决策都由幼儿自己商定。这种对幼儿自主性的尊重与支持需要教师做好两方面的工作:一是给予幼儿"自主的权利",即相对于外部制约和外部控制幼儿能够独立、自由地决意和行动的权利与可能,这就意味着教师要聆听并尊重幼儿的意见,不将自己的意志或隐或显地强加给幼儿,例如在整个活动中,童老师都强调并努力践行着"充分相信幼儿"和"教师退位"的观点,她不急于带领幼儿获得"装修成功"的结果,而是遵循幼儿的意愿,为幼儿提供充足的讨论时间,让幼儿反复尝试;二是支持幼儿形成"自主的能力",也就是使幼儿逐渐具备相对于客观现实能够合理运用自己的决策权利,并借助思考和行动"坚持己见"的意志和能力,例如在整个活动中教师特别重视对幼儿观察方法的指导,着意引导幼儿对家庭装修等相关生活经验进行回顾与组织,通过投放区域材料支持幼儿迁移并巩固捆扎、打结等已有经验,这些做法有效地帮助幼儿增强了克服困难、解决问题的决心和意志力,并且使幼儿感受到了自己做主带来的成果和成功。

从这个意义上说,自主是愉悦、成长与创造的源泉,是课程变革必须迈出的第一步!

(江苏第二师范学院　张　斌)

我和泥的故事

江苏省扬州市江都区育才幼儿园　吴雪梅　仇晶晶

持续时间:2019年2月至4月

年龄段:大班

缘　起

幼儿园的对面有一个小广场,那里有矮矮的土坡、高高的大树、野生的小草,还有大片大片的泥土。小广场每天都在吸引着孩子们探索的目光。一次室内玩泥活动后,孩子们相互交流着。

木炎:"还不如到外面去玩泥呢!"

雨辰:"对,外面的世界多大呀!"

高兴:"我们原来都是在陶吧室还有活动区玩泥,现在我们想到外面去玩,可以吗?"

"我们幼儿园里的泥巴地太小了,而且都长着草莓呀什么的,我看到幼儿园对面的广场上有好多泥呢! 真想去玩一玩!"辰辰一边想一边说。

"我们真的可以到外面去吗?"木炎皱着眉头问。

大家讨论得非常热烈,老师在一旁静静地听着。讨论过后,到小广场玩泥的主意得到班级所有孩子的肯定与支持……我和泥的故事就此开始了!

征询意见

首先,孩子们认为去小广场玩泥要得到园长妈妈及小区管理人员的同意。在此之前,孩子们已经完成了调查表,记录了他们到小广场玩泥的种种设想。

征询意见前,孩子们又对调查表进行了汇总整理,并推选出三名代表带着他们所有人的意见与园长妈妈及小区管理人员见面,表达他们想到小广场玩泥的愿望,希望得到支持。孩子们的要求得到了园长妈妈和小区管理人员的同意,户外玩泥计划开始实施。

在此过程中,幼儿体验到与人交流、沟通的重要性,懂得通过自己的努力让别人理解自己的想法。有效的沟通既锻炼了幼儿的语言表达能力,也提升了他们的自信心。

图1 调查表

现场勘察

孩子们决定先去小区广场进行玩泥活动前的勘察工作。到达现场后,有的孩子观察地面上有些什么,有的讨论接下来该选择哪块场地玩泥比较合适,有的观察行人,还有的在小区广场的四周查看地势。

现场勘察的过程中,孩子们主动与同伴、老师商量发现的问题,寻找解决问题的方法,整理自己零碎的感性经验。

玩泥前的准备工作

图2 现场勘察

去小广场玩泥需要哪些工具呢?

沐恩:"我们需要一些挖泥工具,我上次用树枝试过,容易断,不行。"

"对,我也用过树枝,挖起来不方便,可以用铲锹试试。"俊哲建议。

"挖出来的泥我们还需要用小桶装。"

"泥太干的话还要加水。"

反复商讨后,有的孩子从家里带来破损的锅、碗、勺、碟等,有的孩子带来各种各样的小桶,还有的孩子带来了筛子、泥桶、铲锹等。

带来的这些工具,孩子们都收集到玩泥的资源库中,他们对同一类型的工具,进行材质、大小的对比,选择更加适宜的工具。因为走进大自然玩泥,空间更大,在玩泥的过程中,难免会有泥溅在衣服上,孩子们商量后决定在网上购买连体雨衣,这样在玩泥的过程中,可以让自己的衣服保持干净,最重要的是在下雨天也可以用得上。

孩子们还提出,在小广场玩泥,要爱护公共设施,爱护花草树木,不随意采摘花朵,做一名文明玩泥小达人。

商讨的过程中,孩子们考虑的问题很多,他们甚至想到什么样的天气适合到小广场玩泥。孩子们认为天气太热和太冷的时候最好不要去户外玩泥,可以选择春天或秋天,温度适宜,景色宜人。下雨天能不能到户外玩泥?孩子们认为反正穿着连体雨衣不怕淋雨,而且雨天有天然的水,泥土混合着雨水,好像更加有意思!

除草行动

1. 用哪些工具除草

为了不破坏小广场上的公共设施,孩子们选定了一块空旷区域,冬天刚刚过去,地上有很多枯萎的杂草,取泥很不方便,孩子们决定先开展除草行动。他们从幼儿园的资源库里找来大小不一的铁锹、小推车、铲锹、剪刀等工具,开始清理杂草。辰辰还将爷爷奶奶在农田里干活用的斗笠戴上,他

图3 除草喽

说:"我戴上这顶帽子就不怕太阳晒,也不怕下雨了。"

2. 怎样使用工具更快除草

(1)铲锹。

孩子们刚开始使用小铲锹时只是用铲锹的两个顶角挖草,后来在除草的过程中,他们发现老师除草比他们快多了,在观察与比较中,他们找到了用铲锹除草的好方法,那就是用铲锹接近30度角贴近地面,手持铲柄用力向前铲草。这样的动作,孩子们经过了好几天的反复尝试才由不灵活到得心应手。

(2)铁锹。

同样,使用铁锹的过程中,孩子们也遇到了不少的困难,但他们没有气馁,而是更加投入地玩。铁锹相对铲锹要大很多,铲锹只是用手臂的力量,铁锹除了手臂还用到腿脚的力量。孩子们开始只会用两只手握住铁锹竖着挖草,发现这样除草很耗时间。经过实践,他们找到了更好的方法除草:双脚站稳,双腿半蹲,双手握紧铁锹的柄,贴近地面30度,对准草根向前推。孩子们在动手实践中获得了宝贵的生活经验。

由于孩子们没有使用过铲锹、铁锹等工具,刚开始总是不那么灵活,除草效果也不好。但孩子们没有一个说放弃,他们在摸索中前进,互相交流经验,如怎样握铲锹既省力又能提高除草的效率。

挖泥真好玩

1. 像除草一样接近水平地铲泥

铲锹和铲勺在手,孩子们自然地就开始水平地铲泥,这样一次铲出来的泥不多。但孩子们选择自己喜欢的方式,玩得不亦乐乎。

2. 接近垂直方向地挖泥

用长柄铁锹挖泥可以说是一个技术活,不是那么容易掌握,需要手脚并用,协作完成。孩子们刚开始只会用两只手用力向下压铁锹,然后倾斜长柄,挖出一部分泥土。挖泥也是一个不断探索与总结的过程,孩子们突然发现,还可以将脚用上,在长柄铁锹的两只"耳朵"处用力踩一踩,让铁锹插到泥土更深的地方,这样倾斜长柄的时候,挖出的泥土最多。有了这样惊喜的发现,孩子们都想尝试用长柄铁锹挖泥,体验成功的喜悦。

图4 挖泥

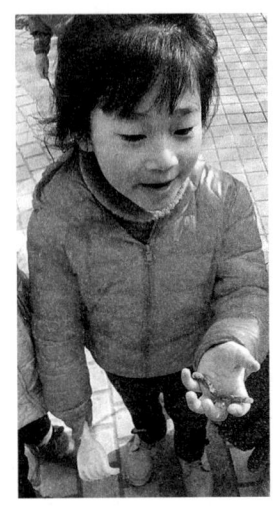

图5 发现"宝贝"

挖泥的过程中,孩子们发现了很多粗细不一的草根,他们对泥土里生长的植物产生了深厚的兴趣。欣欣拿着一根特别粗的草根兴奋地大叫:"快看,我挖到'宝贝'啦!"到底泥土里还会生长出什么宝贝呢?

亲子"寻宝"的快乐时光

1. 挖红薯

通过查阅资料等方式,孩子们发现生长在泥土里的食物有红薯、土豆、山药、胡萝卜等,孩子们对寻找泥土里的"宝贝"跃跃欲试,他们提出要到田间挖红薯。

为此,老师组织了一次亲子活动。老师、家长和孩子带上自己选择的挖土工具来到一片美丽的农田,地面上葱葱郁郁的植物原来就是红薯的叶子呀。泥土里的红薯是怎么吸收营养的呢?它扎根在泥土很深的地方

图6 挖红薯

吗？孩子们迫不及待地挖起来,有了在小广场挖泥的经验,这次挖起红薯来毫不费力气。"咦,这里什么都没有,再换个地方试试","哇,这里有呢,赶紧再多挖几下","不能把泥土里的'宝贝'弄破,一定要小心点"。"我看到了,一个大大的红薯!"当挖到红薯的那一瞬间,孩子的眼睛像金子一样在闪光。自己动手,验证猜测,那是一种无与伦比的快乐体验。

2. 烤红薯喷喷香

基于生活经验,孩子们又将烧烤架搭起来,将挖来的红薯洗干净,放在烧烤架上,几个人分工合作烤红薯,一会儿控制火力大小,一会儿来回翻动,一会儿加点佐料。随着香味的飘散,孩子们垂涎欲滴。

图7 烤红薯

在烤红薯的过程中,虽然也有烤焦的时候,但孩子们一遍遍尝试,体会到自己动手、品尝成果的乐趣,原来劳动也是一件很快乐的事。

3. 泥土里的动物朋友

"咦,泥土里藏着一只小虫子,你们快来看!"孩子们陆续发现一只只不一样的小虫子,有的在草丛里,有的在砖头下,有的在泥土里。孩子们还发现虫子有大有小,有的虫子在慌忙逃窜,有的在装死。孩子们发现最多的是蚂蚁和蚯蚓,它们的家在哪里？是什么样的？孩子们找来了绘本《蚂蚁王国》和《蚯蚓的日记》,一起了解它们的生活。

图8 观察蚂蚁和阅读绘本

筛泥有方法

经过几天的合作,孩子们挖了很多泥土,他们围在一起,面对混着草根、小石子的泥,一致认为必须将泥土里的杂物清除,否则没办法玩。他们迅速将泥里的草根、小石子等杂物挑出来,但是这样的速度有点慢,而且挑得不够彻底,还有一些小石子裹着泥,看不出来,这可怎么办呢?

他们再次商讨,寻找更佳的办法。

珊珊:"我们这样一个个挑,得挑到什么时候才可以用呀!太慢了!"

辰辰:"要不我们想其他的办法吧!"

他们结伴来到资源架,寻找合适的工具。

阳阳看到竹篮说:"我们可以用竹篮试试,把泥放进去,竹篮有洞眼,这样泥就会掉下来,小石子和草根就会留在竹篮里了。"

俊哲突然发现了一个筛子,大声说:"我觉得用这个更好一些,阳阳拿的竹篮洞眼太大了,草根和小石子会一起掉下去的。"

老师:"那你们就一起试试吧!"

孩子们又开始了新的探索。

筛子的洞眼大小不一,孩子们就一个个试,最终选定了一种洞眼大小合适的筛子,既能留下大大小小的石子,也能不让草根掉下去。一系列的活动有序地开展着:选择合适的筛子—确定如何固定筛子—确定摆放筛子的高度—确定摆动筛子的幅度和力气大小……

图9 筛泥

筛好的泥越来越多,孩子们无比兴奋!

和泥真神奇

筛好的泥细细软软的,孩子们又想往泥里加水和泥玩。和泥涉及的一个最重要的问题就是水和泥的比例,这是一个反复探索与发现,再探索再发现,最后总结、归纳经验的一个内化过程。

图 10　和泥

1. 水多泥少的发现

孩子们将筛好的泥放在一个挖好的土坑里,加入水。第一次,大家使劲往里加水,结果水加多了。

俊哲:"这都像水粉了,我们可以用它来画画!"

宸希:"在哪里画呢?"

启希:"可以在纸上画。"

图 11　泥浆画

"咦,我看很多衣服上都有图案,要不我们在布上试试?"轩轩兴奋地说。

孩子们搜集了多种材料,除了废旧布料和白纸,还有 KT 板、油画布等,他们进行了不一样的泥浆作画。有的孩子直接在白纸上踩一踩、走一走,雨靴上的泥正好成了绘画的颜料,走出了不一样的造型。瞧,还有引人无限遐想的墙绘呢!在这种不受限制的涂鸦形式中,孩子们一起绘画、一起合作,尽情地表达,它可以是一些线条与点的组合,可以是自然景物的描绘,可以是所见、所闻、所想、所思的再现……

2. 水与泥比例正好

如果想让泥能够捏成形,孩子们觉得水不能再加那么多。这一次,孩子们一点一点地加水,控制加入的水量,把泥和成软硬适中的黏稠状,这下,孩子们就可以用泥来捏塑自己喜欢的模样了。墙角处,他们偶然发现了落叶,将落叶与泥巧妙结合,在石头上、大树上、花坛上、墙面上探索与发现。

图 12　捏塑

3. 动物们的温暖之家

走进大自然玩泥,孩子们更加感受到原来大自然里有这么多可爱的小动物,有地底下的蚯蚓、蚂蚁、小甲虫,树上的小鸟、毛虫等,孩子们萌发了为小动物们搭建温暖之家的想法……他们说干就干！有的找来泥和树枝为小鸟搭建小窝;有的找来砖头,再利用泥浆,为小动物搭建一个大大的家。孩子们还发动家人找来废旧的红砖和青砖,一心一意为小动物搭建温暖之家。

孩子们将泥调成黏稠状作为砖与砖之间的黏合剂,用收集的砖头一层一层往上搭建,可以看出,孩子们将砖上下对齐,排排队从第一层开始,围成一个四方形,如此一层一层往上搭。小区里的叔叔、阿姨、爷爷、奶奶被孩子们的工作所吸引,经常给

图 13　用砖头搭建动物之家

予孩子们一些建议与方法。虽然这与实际盖房子的砌砖方法不一样,但这是孩子们的尝试过程,在一次次尝试与探索中,孩子们用自己的方式学习、成长。

雨天玩泥的别样快乐

碰上雨天,孩子们对到小广场玩泥更加充满期待,小雨纷纷扬扬,孩子们迫不及待穿上雨衣和雨鞋,他们在雨中恣意地玩耍,并表示衣服脏了、鞋子湿了没关系,回去洗洗就好啦! 一个广场,一块土地,几样工具,为孩子们营造出充满趣味、令人无限遐想的一片天空。他们在直接感

图14 雨中玩泥

知、亲身体验、实际操作中感受游戏的快乐,收获着经验,分享着喜悦,体验着成功。在这片美丽的天空下,孩子们和泥延续着不一样的故事……

教师的感悟

大自然是美丽的,那里隐藏着许多的秘密等着孩子们去寻找、发现、探索。正如《指南》中指出:"成人要善于发现和保护幼儿的好奇心,充分利用自然和实际生活机会,引导幼儿通过观察、比较、操作、实验等方法,学习发现问题、分析问题和解决问题;帮助幼儿不断积累经验,并运用于新的学习活动,形成受益终身的学习态度和能力。"我们坚信,在大自然中,孩子们的天性更加张扬,行为更加自信,心灵更加自由,我们应让孩子们在大自然中尽情地享受发现的乐趣,在快乐中感知与学习,达到自然学习、自然成长。

"我和泥的故事"让老师感受到课程游戏化是一项持续的工作,需要长期坚持不懈的努力。一件最普通的自然材料——泥,突显了平凡的价值,通过孩子们的一点点探究,一丝丝深入,泥的价值在孩子们手中一层层放大。从最初的走进社区小广场,孩子们主动与园长妈妈和小区管理人员交流,取得认可,

再到自己去挖泥、筛泥、和泥,这其中的内容包含着科学认知与探索、艺术创新与实践、劳动尝试与体验等。一次次活动孩子们需要反复尝试与验证,在实践中调整与完善,从而获得成功的喜悦。

在故事发展的过程中,我们更加认识到科学品质对儿童发展的重要性。"和泥"这一环节中,从水多泥少(泥浆画)→水与泥比例正好(塑泥)→动物们的温暖之家,孩子们通过反复尝试,自主发现水与泥之间的比例关系。当水多泥少的时候,孩子们想到在多种材料上进行泥浆画,绘画的工具也有创新,除了笔,还手脚并用。当比例正好时,孩子们在石头上、树上、墙上开始了无限的想象,孩子们成为学习的主人。

专家点评

陈鹤琴先生讲"大自然、大社会都是活教材",幼儿生活中的一草一木、一事一物都可成为实现幼儿有效发展的载体,大自然更是蕴藏着许多的秘密吸引着幼儿去发现与探索。泥土可以让幼儿直接探索,又可以任意塑形,这些活动都是幼儿感兴趣的,也是值得幼儿进行学习的。该课程故事围绕泥土这一平凡的自然资源,引发幼儿持续的探索活动,从而践行着幼儿园课程游戏化、生活化的精神。个人认为该故事有以下三点值得借鉴与学习:

第一,教师资源开发与利用的能力。资源对于幼儿园课程而言,既是内容又是方法,有什么样的资源就意味着儿童进行什么样的学习,带给幼儿什么样的发展。幼儿园课程建设在很大程度上就是资源开发与利用的过程。该活动中,教师充分挖掘泥土资源的价值,给幼儿自主空间,让幼儿在亲近自然、直接感知、实际操作、亲身体验中,学习如何使用工具除草、挖泥与挖红薯、寻找泥土中的小动物、筛土与和泥,在有趣的活动中有效地获得学习与发展。

第二,教师课程设计与实施的能力。美国教育家杜威认为,经验课程中教师与儿童交往、对儿童的指导更多了,而不是更少了。幼儿兴趣并不自然地带来有益经验的获得,教师需要甄别出对幼儿有正向发展价值的兴趣,进行活动的设计与实施,更需持续进行预设与审议。该活动中,教师从幼儿最初对园外泥土的兴趣,引发出让幼儿与园长、小区管理员沟通、申请,再到生成让幼儿自己去除草、挖泥、筛泥、和泥等活动,使幼儿体验到活动的乐趣与成功的感受,也获得科学探究、艺术创造、劳动体验等经验。

第三,教师与儿童互动的能力。课程实施过程就是教师不断接过幼儿抛出的"球",再以适宜的方式抛回给幼儿,从而引发幼儿不断反思与探究,不断生成新的活动与经验的过程。该活动中,教师积极支持与回应幼儿的兴趣与探索,通过"容错"鼓励幼儿反复尝试,自主发现水与泥之间的比例关系;又及时、适宜地提出有挑战性的问题,激发幼儿在已有经验基础上不断去想象、探究与合作、交流,从而实现有效发展。

(苏州幼儿师范高等专科学校　张　晗)

小水塘　　大秘密

江苏省阜宁县沟墩镇实验幼儿园　张步芹　薛欣欣　薛　雯　高　凡

持续时间:2018年11月至2019年9月

年龄段:大班

缘起：大水缸里的藕

最近入离园、户外活动时,总有几个大班的孩子围观在幼儿园坛培区一口大水缸旁,指指点点,这样的场景持续了好几天……

孩子们围着大水缸议论开了,瑶瑶说:"我记得夏天的时候这个大缸里有荷花和荷叶的,现在怎么都不见了呀?"明明说:"现在是冬天了,肯定都枯萎了。""那大水缸的下面会有什么呢?"瑶瑶又问道。筱筱说:"我听奶奶说过,荷花和荷叶的根部会长出藕。"瑶瑶迫不及待地拽了拽竖在缸里的枯枝,以为能拔出藕来,结果拔出来一看,什么也没有。这时筱筱又说:"我奶奶说藕是将手伸进泥土里采出来的,可是这里面全是黑乎乎的泥土,我可不敢将手伸进去。"瑶瑶说:"我们可以戴手套呀。"于是,他们拿来手套戴了起来,小手伸进大水缸里摸来摸去,结果他们真的采到了几节藕宝宝,孩子们对于自己的发现非常激动。

图1 孩子们围观在大水缸旁　　图2 采到了藕宝宝

藕可以做什么

1. 吃藕

小朋友们将从大水缸里采到的藕宝宝带回班级和小伙伴们分享自己的收获。乐乐问："我们带回来的藕可以做什么呢?"思思说："当然是吃啦!妈妈经常做藕给我吃。"老师问："宝贝们,那藕可以做哪些好吃的食物呢?""可以炒藕吃。""可以做藕饼。""可以煮糖藕。""可以炸藕圆子。"……孩子们七嘴八舌地讨论着。老师还发放了"好吃的藕"调查记录表,让孩子们带回家和家长一起再想一想藕还可以怎么吃。调查记录后,老师和孩子们又展开了讨论,发现藕的吃法真是太多了。最终老师和孩子们通过商议,决定举办一次关于藕的美食分享会。

"美食分享会"开始啦!萌萌说："老师,小朋友带了这么多的美食摆在桌子上,像我妈妈带我去过的饭店一样,我和妈妈自己拿着夹子和盘子去选择自己喜欢吃的食物。"这时,小羽说："那叫自助餐。"明明提议："那我们也可以像吃自助餐那样去品尝这些好吃的美食呀!"小朋友们欣然同意,大家便开始行动起来……

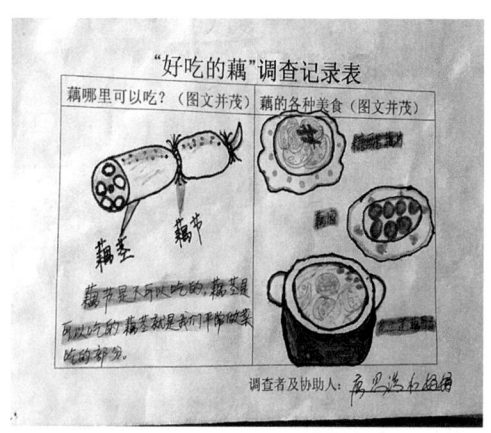

图3 "好吃的藕"调查记录表　　　　图4 孩子们在开展美食自助餐活动

通过这一系列活动的开展,孩子们体会到了亲身实践与操作的快乐,同时也了解了以藕为主要食材的许多美食,获得了自助分享美食等丰富的生活经验。

2. 玩藕

小朋友们一边吃一边玩。涵涵将藕圆子用竹签串起来,吆喝着:"卖糖葫芦啰!"西西将糖藕片拼来拼去,她说像朵花。这时老师问道:"孩子们,那藕还可以怎么玩呢?"孩子们将收集来的藕堆放在一起,展开了自主讨论——藕的玩法。有的说:"可以用藕片拼图。"有的说:"可以插牙签,变成小刺猬。"有的

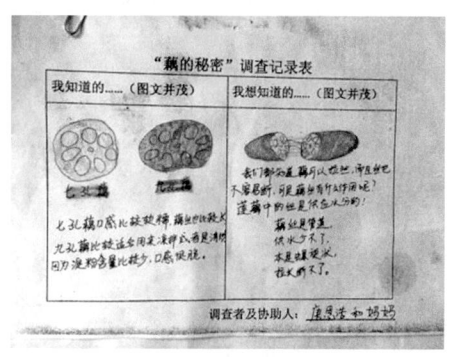

图5 "藕的秘密"调查记录表

说:"可以拓印添画。"还有的说:"可以数一数藕洞有几个。"有个孩子将藕掰开:"可以比一比谁拉的藕丝最长。"……孩子们一边摆弄着,一边交流着,并在家长的协助下完成了"藕的秘密"调查记录表。

关于藕怎么玩,我们生成了一系列的子活动:语言活动"哪吒传奇"、科学探究"藕洞和藕丝"、美工活动"最美的藕"、户外活动"小青蛙历险记"等。

小小工程师

可欣和筱筱将藕结和藕芽投放到自然角里,尝试种植,臣臣看见后说:"这里太小了,大水缸里的藕还有好多呢,不如我们给藕宝宝找个新家吧!""那我们去找一找,给藕宝宝在哪里安新家较为合适呢?"老师提议道。恰逢周末,孩子们在家长的陪同下外出实地考察藕宝宝的生长环境。

图6　孩子们实地考察

1. 新家在哪里(选址)

藕宝宝除了"住"在大水缸里,还可以"住"在哪里呢?老师组织孩子们在园内为藕宝宝的新家展开了选址活动。欣怡说:"这里空地比较大,可以给藕宝宝安家。"小胖说:"这里全是泥土,可以给藕宝宝安家。"俊杰选择了保健室后面的一块空地:"藕宝宝喜欢有水的地方,这里刚好有个水龙头方便接水,我们可以在这里给藕宝宝安家。"

孩子们通过选址活动,确定了藕宝宝的新家在保健室后面的空地,并能讲述新家选址的理由:因为这块地比较空,有泥土,也接近水源,便于造塘,符合藕宝宝的生长条件。

2. 新家有多大(测量)

要挖多大的塘,藕宝宝才能住进去呢?小玮说:"像我们教室那么大,藕宝宝肯定能住。"糖糖说:"太大了,藕宝宝那么小,肯定不能住。"美美说:"那就像我们美工室那么大吧,不大不小刚刚好。"大家纷纷赞同美美的想法,决定藕宝宝的新家就像美工室那样大。那美工室有多大呢? 孩子们迁移之前用卷尺的经验测量了美工室的长和宽,通过测量,确定了美工室长7米,宽5.5米。

孩子们带着卷尺来到新家的空地上,他们要用卷尺来划定新家的范围。测量开始了,小晨负责固定卷尺头,小军则拉着卷尺边走边量。测量后,他们标注了藕宝宝的新家范围——一个像美工室一样大小,长7米、宽5.5米的长方形。

图7 用卷尺进行测量

孩子们大概想挖这么大的水塘,为了便于大家了解水塘的大小,小玮用小铁锹做了一个印记,作为标识。

3. 设计新家

小朋友们的家是各种各样的,那藕宝宝的家要造成什么样子呢? 宇闲说:"可以设计成圆形的。"欣怡说:"可以做成三角形的。"惠惠说:"可以像花朵一样。"……孩子们通过绘画为藕宝宝设计了各种各样的新家。

图8 孩子们为藕宝宝设计的各种各样的新家

4. 挖塘工具

为了帮藕宝宝造新家,小朋友们从家里带来了很多可能用到的工具,如小铲子、铁锹、铁锨、独轮车、雨鞋、手套等工具,大家都说自己的工具是最好的。

心心:"我的铁锹可以挖很硬的泥。"

楚楚:"这辆独轮车可以帮我们运走挖出来的泥。"

浩宇:"穿着雨鞋去挖,鞋子就不会脏了,也不怕水了。"

…………

经过一番讨论,大家决定用小铁锹和独轮车开始我们的挖塘之旅。

图9 收集各种工具,探索挖掘工具及辅助工具的用途和使用方法

5. 开工啦!

天公不作美,连续几周的雾霾及阴雨天气,使得孩子们只能在室内开展一些有关"挖水塘"的讨论活动。今天天气终于放晴了,孩子们格外的兴奋,因为我们的小水塘终于可以开工啦!由于刚下过雨,地面比较潮湿,泥土也黏糊糊的,挖了一会儿,孩子们都说挖得累。不过他们并没有因此放弃,而是聚集在一起讨论到底怎样挖才能更省力。楚楚尝试着双手紧握住铁锹的后端用力挖,又蹲下来挖,发现并不省力。浩宇尝试着站在坑里挖,结果还是比较吃力。心心说:"在家经常看到奶奶挖地时都会用脚踩一下铁锹然后再挖,我们可以试试看。"于是大家尝试了这样的方法,果然比刚才省力多了。

孩子们在亲身实践后,有了很多发现。例如:有的孩子将腰弯下来,左手在前右手在后握着铁锹杆挖,这样挖省力多了;有的孩子探索到用腿脚和双手协作的挖法更省力。这是他们通过亲身体验、实际操作之后获得的直接经验。

土壤里的秘密

春暖花开,万物复苏,新的学期开始了,小水塘的施工现场又来了一群勤劳的"小蜜蜂",他们拿着小铁锹在小水塘里忙来忙去,原来是孩子们又开始为藕宝宝的新家施工了。

图 10　孩子们施工图

明明:"我之前在泥土里看到有一些小动物,怎么没挖到呢?"

希恩:"泥土里的小动物应该还在冬眠吧,它们还没睡醒呢!"

瑞瑞:"那泥土里有哪些小动物呢?"

婷婷:"我知道,我知道,泥土里有蚯蚓。"

程程:"泥土里还有蚂蚁、蛇。"

小宇:"泥土里还有青蛙、虫子。"

明明:"你们说的小动物是不是都生活在泥土里呢?"

《指南》中指出 5~6 岁的幼儿能用一定的方法验证自己的猜测,而老师要支持和鼓励幼儿在探究的过程中积极动手动脑寻找答案或解决问题。于是老师引导孩子们制定了一份"土壤里的秘密"调查记录表,并让孩子们通过查阅资料、向家长请教等方法完成调查记录表。

完成了调查记录表,孩子们更好奇了,原来土壤里藏着这么多的秘密啊!他们最感兴趣的还是想验证一下土壤里面是不是真的有蚯蚓。

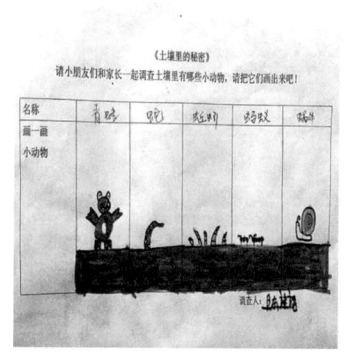

图 11　"土壤里的秘密"调查记录表

瑞瑞提议:"我们明天就去挖,看看泥土里是不是真的有蚯蚓。"

第二天,孩子们如约来到小水塘,继续挖泥土。突然瑞瑞大叫道:"你们快来看呀,我挖到了一条白色的弯弯曲曲的像蚯蚓一样的东西。"孩子们都凑过来看个究竟。

孩子们通过观察、讨论,最后一致认为那个白色的类似于蚯蚓的物体是树根上的须。虽然没有挖到蚯蚓,但是孩子们兴趣犹存,回到教室继续展开讨论。

明明:"我还以为挖到了一条白色的蚯蚓,结果是树根上的须,好可惜!"

瑞瑞:"蚯蚓是什么样的呢?它有什么特征?"

欢欢:"蚯蚓喜欢生活在什么地方?它喜欢吃什么呢?不喜欢吃什么呢?"

臣臣:"蚯蚓有什么本领呢?"

孩子们提出了一系列有关蚯蚓的问题。

通过阅读绘本、上网搜索、参与各区域的探究游戏等活动,孩子们了解了蚯蚓的特点、蚯蚓的生活环境、蚯蚓的食物以及蚯蚓的本领,同时也完成了"有趣的蚯蚓"调查记录表。

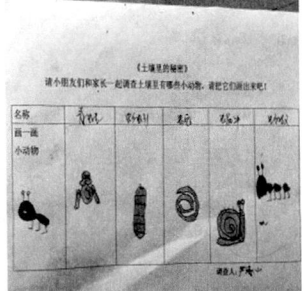

图 12　探究土壤的秘密

活动开展之后,小朋友们对蚯蚓更加关注和喜爱。臣臣不由自主地念叨起来:"挖蚯蚓、挖蚯蚓,小朋友们快来呀,快来快来挖蚯蚓……"臣臣一时不知道编什么歌词了,就停下来了。这时欢欢接着创编:"捧上蚯蚓叫老师,叫上老师留个影。"其他小朋友听了他们编的儿歌都跟着念起来,瑞瑞又提出疑问:"这首儿歌叫什么名字呢?"小羽说:"就叫《挖蚯蚓》吧,刚好儿歌里有这句话。"于是一首《挖蚯蚓》的儿歌就这样诞生了,"小作家们"美滋滋的。

春天的小水塘是孩子们求知的游乐园,孩子们在这里获得了许多有关蚯蚓的经验:蚯蚓的特征、生活环境、习性、作用……虽然初春里的蚯蚓不像夏天那样随处可见,但是孩子们和蚯蚓的故事还在继续,老师作为孩子们的倾听者、支持者、合作者,需要创设环境,提供材料,满足他们的好奇心,鼓励、支持孩子们自己去寻找、尝试,解答有关蚯蚓的问题,向大自然学习。

装扮新家

1. 孩子们的讨论

小水塘已初步完成挖土工程,孩子们讨论接下来该干吗。

虫虫:"小水塘已经挖好了,老师,我们要不要放水呀?"

寒寒:"当然要放水呀,我们还要种水生物呢!"

周周:"我们什么时候放水啊?"

可可:"池塘好大呀,那该放多少水呀?"

丽丽:"我看,要放到我膝盖这!"

虫虫:"不对不对,要少一点,我觉得要放到我小腿这儿还差不多。"

最后,大家一致认为水放到膝盖处比较合适,这样藕宝宝住进去很宽敞。

2. 放水啦

孩子们拿着放水管,开展放水活动,大家齐心协力将水管一端接到水龙头上,一端接到了小水塘……

小朋友们欢快地围在小水塘旁,都想自己拿到水管头放水,大家协商轮流放了一次水。佳佳拿着放了一会儿水后问:"老师,放多少水才算放好呀?"

图13 协力运水

正当大家一边激烈讨论着一边兴高采烈放着水,离园的音乐响起来了。

小宇:"老师,我们明天再来放水吧!"

3. 水哪里去了

第二天幼儿再次来到小水塘准备放水……

君君:"哎!我们昨天放的水哪里去啦?"

小美:"可能被太阳晒干了吧!"

欣怡:"我觉得是夜里被风吹干了!"

丽丽:"不对,我觉得是被地下的泥土吸走了。"

大家又请教了有种植经验的保育员老师,原来水是被地下的泥土吸收了。

4. 我有办法

回到班级后,老师抛出问题:"池塘里的水没有了,宝贝们有什么办法能将水蓄住呢?"

孩子们将自己的想法画了出来,并且与同伴讨论分享了自己的想法……

欣怡:"我觉得,可以在下面放一块大玻璃。"

丽丽:"我觉得,放一块大大的铁饼。"

小美:"放一个大缸,把水放在缸里面。"

阳阳:"玻璃、铁饼和大缸是不漏水,可是太重了,没办法搬到幼儿园来啊!"

君君:"我觉得,放一个塑料袋,这么大的,有小水塘那么大,像我奶奶养小鸡用的那个!"

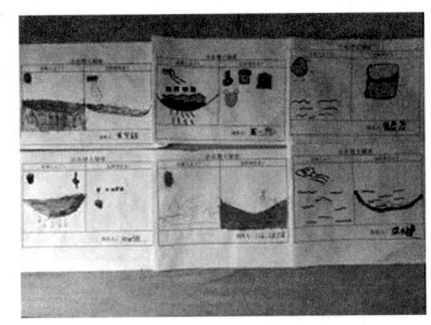

图 14 怎样蓄水呢

经过大家的讨论,最后大家达成协议决定使用君君的办法——大型的塑料膜,既不漏水,又方便携带。

5. 怎样蓄水

为了能蓄住水,孩子们兴致盎然,经过大家的一番努力,终于将塑料膜铺在了小水塘的上面,可以继续放水了……

小美:"有好多水了,丽丽,这下子水不会再没了吧?你看,我都能够到了!"

丽丽:"好多水,这下子水够了!"

图 15　小水塘里铺设塑料膜

第三天,孩子们来到小水塘……

小美:"让我看看,小水塘里有没有水了?"

鑫鑫:"水在呢!"

小美:"真的耶!太好了,我们放的水还在呢。"

大家齐呼:"我们的小水塘成功啦!"

成人要善于发现和保护幼儿的好奇心,充分利用自然和实践生活的机会,引导幼儿通过观察、比较、操作、实验等方法,学习发现问题、分析问题和解决问题;帮助幼儿不断积累经验,并将其运用于新的学习活动中,形成受益终身的态度和能力。

相约小水塘

孩子们见证了幼儿园坛培区的莲藕从泥土中生长而出,欣喜地感叹着生命的美丽与神奇。幼儿园里的小水塘已经完工,孩子们讨论着要种些什么,最终一致决定种莲藕。于是,一场关于种植莲藕的探究活动拉开了序幕。对孩子们来说,这不仅仅是一次简单的种植活动,更是一堂蕴含了诸多教育价值的种植课程。

1. 莲藕的种子是什么样子的

轩轩:"我觉得应该是莲子,因为荷花会长出莲蓬,结出果实。"

丽丽:"不是不是,我觉得就是种藕。"

叮叮:"藕是用来吃的,哪里有藕的种子呢?"

孩子们来到活动室继续热烈地讨论着,还认真翻阅着关于莲藕的图书,有孩子提议向有过种植莲藕经验的门卫叔叔请教方法。原来,莲藕是需要种植在水田里的,播种的部分可以用平时我们吃的藕节,但两节藕的中间必须要有小芽才行。

2. 搬新家

为了给莲藕一个舒适的家,孩子们齐心协力动手填水塘。可是新的问题来了,孩子们发现水田里的泥土块太大了,而且泥土也只有一点,不利于莲藕的生长,怎么办呢?

叮叮:"可以用棍子把泥搅拌一下。"

小可:"还可以用铲子把泥挖小。"

贝贝:"要不我们踩下去,把泥踩一踩不就小了。"

孩子们一边讨论一边尝试,用脚踩,用棍子搅,用铲子敲……终于使泥土变得更加松软,他们将发芽的藕节埋进小水塘的泥土中,还不忘记将小芽露在外面。藕宝宝可谓安家落户了。

3. 疑惑:为什么莲藕还没发芽?

播种后,孩子们每天轮流来到池塘边观察,对新生命的破土而出充满了期待。在观察的过程中孩子们还不忘将他们的观察发现记录下来,以便更好地了解莲藕的发芽时间。

一周的时间过去了,池塘里的莲藕还是没有一点儿动静,孩子们开始有些失望,纷纷猜测莲藕没有发芽的原因。

丽丽:"藕是不是埋得太深被淹死了?"

小新:"不会的,藕本来就是生活在水里的。"

可可:"那一定是天气太冷了,所以没有发芽。"

东东:"刚才我看水里有虫,是不是被虫吃了?"

美美:"你们不要着急,再等等吧!可能发芽太慢了。"

可欣:"好吧!我们天天都来看看它们,一定会发芽的。"

孩子们开始寻找莲藕发芽的秘密,通过上网查询,孩子们终于明白原来是由于藕种下去的时间比较短,加上最近天气较冷,所以没有发芽,藕要在天气比较暖的时候才会发芽。于是孩子们满怀着期待,继续留心观察。

初春时节,天气还有些寒凉。可孩子们为了等待莲藕发芽,连续几周都在水塘边认真地观察和记录莲藕生长的情况。终于在3月的一天,孩子们在观察中意外发现水塘里冒出了几个尖尖的小角,莲藕发芽啦!

图16 莲藕发芽啦

小丽:"我觉得是发芽了,因为这几天天气很好,莲藕被阳光照着,肯定就发芽了。"

虫虫:"应该不是,可能是旁边的树枝掉进去了。"

叮叮:"不是,它又没有花,莲藕是有花的。"

彤彤:"要长大了才开花。"

为了帮助孩子们弄清莲藕节是不是真的会发芽,老师带领孩子们再次上网查询并请来了有种植经验的老师一起帮助鉴别。通过查阅资料,以及根据此前做的莲藕标记断定,这几棵小芽确实是莲藕发的芽,孩子们兴奋不已。

4. 水塘里的新朋友

为了小水塘能更结实、耐用,园长妈妈利用暑期时间,请工人叔叔对小水塘做了进一步改造。新学期开始了,又来了一批升入大班的孩子们。他们与小水塘之间也发生了很多小趣事呢!

大班组"水生植物观摩大会"开始了,小朋友们手拉着手,秋游般地开始了他们的观摩活动。

彤彤:"哇!好多水草啊!老师,水里小小叶子的是什么?"

睿睿:"我知道,奶奶说那是浮萍,小鸭子喜欢吃。"

佳佳:"老师,那个长长叶子的是什么?它们会被水淹死吗?"

小新:"不会的,妈妈说它就是生长在水里的。"

小宇:"老师,那个圆圆叶子的是什么植物?看起来跟莲藕很像。"

美美:"这棵还开着花呢,真奇怪!"

琪琪:"原来有这么多的水草啊,它们都有名字吧?"……

孩子们愉快地"旅行着"并冒出了"糖葫芦式"的提问。但老师并没有直接将答案告诉幼儿,而是一一做了记录,并和孩子们协商共同设计了一份调查表,由此孩子们忙开了,有的回去请教家长,有的请家长陪同去周边的池塘观察各种水草,还有的通过查阅的方式从中获得初步的答案。老师还设计了相关的教育活动,通过视频、图片和孩子们做进一步探讨,让孩子们获得更全面的经验。

老师:"孩子们,我们采集了这么多水生植物,应该给它们找个家吧?"

洋洋:"老师,可以养在大水缸里。"

月月:"可以种到小水塘里啊,那里有好多水!"

老师:"这些水生植物生长还需要什么呢?"

大家再次进入讨论环节,认为它们需要水、阳光和空气,有的还需要泥,最后大家完成相关的调查表。孩子们有的挽起裤脚,有的撸起袖子,种植大军忙碌开了,瞧,他们勤劳能干的身影成了小水塘一道亮丽的风景线。

小水塘　大秘密

图17　水生植物调查表　　　图18　孩子们的新伙伴

《纲要》中指出教育活动的内容要选择幼儿感兴趣的事物和问题,同时要有助于拓展幼儿的经验和视野。我们请孩子和家长一起认识身边的水生植物,观察它们的颜色、形状,了解它们的生长环境,从而了解水生植物的品种、特征、生长条件等各方面的知识,幼儿从中获得了有关种植的全新经验。

结　语

杜威曾说,兴趣是生长中的能力的信号和象征。本故事缘起于幼儿对大水缸里的藕的兴趣,由此开展了施工前的准备、施工挖水塘、藕宝宝搬新家等一系列活动。陈鹤琴先生说过:"大自然、大社会都是活教材。"在教师的引导下,幼儿进行观察、比较、分析、实验等探究实践,深度思考并分享交流自己获得的经验。幼儿通过发现问题—猜测假设—实践操作—记录验证—得出结论,体验自主探索"小水塘　大秘密"的乐趣。我们的故事尚未结束,我们的活动正持续进行中……

专家点评

陶行知先生认为生活之所以蕴含教育意义,就在于生活的变化不拘、充满许多未知的问题。《小水塘 大秘密》的故事源于幼儿园大水缸中荷花、荷叶衰败的现象,继而引发了幼儿对"藕"的持续探究,彰显了生活即教育的内涵。个人认为该故事有以下三点值得借鉴与学习:

第一,体现了教师的儿童意识。幼儿是活动的出发点与归宿,是教育的中心,教育质量取决于儿童有效发展的程度,课程效果源于幼儿专注、自主、主动的行动过程。该活动中,教师抓住幼儿有价值的兴趣点,支持幼儿探索大水缸里的藕、为藕找新家、挖藕池、种藕,引导幼儿观察、制作、比较、测量、反思与交流。

第二,体现了教师的课程意识。该活动中,幼儿遇到问题时,教师并不是直接告知答案,而是聆听幼儿心声、观察幼儿活动、记录幼儿表现,然后和幼儿共同协商解决问题。教师既追随幼儿兴趣,又适时、适宜地抛出问题,引发幼儿深度思考与探索。如,由"种下的藕为什么不发芽?"这一问题,教师引导幼儿去分析问题、提出假设,通过调查与观察验证假设,最后进行分享交流,这符合杜威先生所讲的思维五步教学法,也符合幼儿园课程就是"幼儿喜欢做、能够做的事的经验"的特征。

第三,体现了教师的共育意识。幼儿成长离不开家园共同努力,教师、同伴、家长都是课程实施的重要资源。该活动中,教师让家长陪同幼儿外出实地考察藕的生长环境、去周边的池塘观察各种水草、查阅相关资料、提供操作工具与材料,让幼儿向门卫叔叔请教种植莲藕的经验,这些经验准备、材料与方法支持,为幼儿活动深入、持续进行提供了保障,也激发了幼儿继续探索的热情,实现了幼儿发展的家园共育。

(苏州幼儿师范高等专科学校　张　晗)

柿子熟了

山东省青岛市西海岸新区第一幼儿园盛世江山幼儿园　郭　华
持续时间：2018年10月至11月
年龄段：大班

缘起：柿子熟了

  幼儿园楼前有两棵柿子树，孩子们根据它们的位置给它们起了名字，一棵叫"球球"（因为靠近球筐），一棵叫"兰兰"（因为靠近幼儿园栅栏）。秋意渐浓，树上的柿子陆续由绿色变成了黄橙色，孩子们对柿子树的这一变化早已"瞄上了眼"，每到户外活动时间，他们都会到柿子树下找一找、说一说哪个柿子又熟了。

  这天户外活动时，孩子们又来到柿子树下，老师趁机指着树上的柿子问："看看可爱的柿子宝宝长得像什么？""圆圆的非常可爱，像一个个小娃娃！""还像过年挂的小灯笼！""还像一个个小灯泡！""小小的圆圆的像橙色的雨滴！"正在大家观察柿子像什么的时候，浩森、司念、睿睿三个小朋友却在柿子树下点数树上结了多少柿子。他们仰着头边看边交流着，浩森说："球球结的柿子多。"司念指着另外一棵柿子树说："我觉得是兰兰结的多。"说着两个人就在树下转着圈数起来，数了一会儿，浩森说："球球结了30个柿子。"司念说："兰兰结了40个，是兰兰结的多。"正在两人争论时，睿睿说："哪棵结的多摘下来比一比不就知道了！这样我们还可以大吃一顿呢！""对！摘下来数数就知道哪棵结的柿子多了！"浩森应和着。说着三人兴奋地跑到老师跟前异口同声地说："老师，我们想把柿子摘下来，然后数数看哪棵结的多！"看到孩子们对柿子产生了如此大的好奇心，于是老师答应孩子们分头去摘柿子。

摘柿子

要摘柿子了,孩子们异常高兴,"怎样摘柿子"成了热门讨论话题。"我们需要梯子,就是我们玩游戏的那种。""可以站在桌子上摘。""用竹竿敲下来。""站在树下的小滑梯上摘。""让老师抱着我们摘。""我们要合作,人多力量大。"……一个个好方法在孩子们的积极动脑中产生了。

孩子们根据值日小组进行了分组。户外活动时间,孩子们根据小组做的采摘计划,对球球和兰兰进行了分头"进攻"。一组爬上了柿子树下的小滑梯摘。二组一起从教室抬来了桌子,桌子上又放上小椅子。三组选择了三角梯,一人爬上去在上面摘,四人在下面扶梯子和接柿子,上下配合默契十足。四组则去门卫叔叔那借到了长竹竿,由壮实的奕辰小朋友负责打柿子,其他小组成员负责指挥。"使劲敲啊,你别敲树叶啊。""就是,你看叶子都被你打下来好几片了,柿子一个都没够着!"司琦边抢过竹竿边说:"拿来,我来试试!"旁边的一鸣也跑上前握着竹竿的尾部,仰着头说:"敲这个!敲这个!"随着"啪嗒"一声,司琦和一鸣终于敲下了一个柿子,其他小伙伴马上聚过来,可惜的是柿子摔成了两半,见到这一结果,孩子们有些失望且感到可惜。司琦扔下竹竿着急地说:"用竹竿打根本不行,柿子都摔成烂泥了还怎么吃!我们换个办法吧!"正在四组还未想到什么好的办法时,旁边的三组已经成功地摘下三个柿子了。四组见状也跟着模仿起来,搬来了三角梯,文博勇敢地第一个爬上了梯子,站在梯子的最高处,努力地伸手去够他早就看好了的柿子。"哎呀,够不着,太远了!"沐泽在梯子底下着急地说:"梯子放得不对!下来!重新放!"文博好像也意识到了这个问题,迅速爬下来,大家又一起调整梯子的位置,这次角度正正好,文博一下就握住了那个他早就看好的大大的柿子,这时,底下的伙伴又七嘴八舌地指挥文博:"使劲拽,使劲拽!""先转几圈再拽!"文博按照大家说的做,没转几圈,手一拽,柿子就被拽下来了。"耶,耶,耶,太棒了!老师你看,我们组也摘下来一个大柿子了。好想把它吃掉啊!"

图1　四组不断调整梯子的位置,顺利摘到柿子

摘高处的柿子

四个小组饶有兴趣地摘了近半个小时,树底部的柿子已经被孩子们摘得差不多了。"可是树上还有许多够不到的柿子呢,那些怎么办啊?如果我们不从树上摘下来就坏掉了。"子琪大声吆喝着。此时老师又把问题抛给了孩子们:"那怎么办啊?""我们去找带钩子的竿子,把高树枝拉低点,就能摘到了,上次我爸爸带我去摘樱桃就是这样的。""可是幼儿园也没有带钩子的竿子啊。""今晚我们回家去找,明天再来摘!"家瑞大声说道。于是老师也趁机鼓励孩子们和爸爸妈妈一起搜集摘高处柿子的工具和方法,并约定第二天再来摘柿子。

第二天,孩子们带来了助力他们摘高处柿子的自制工具,有竹竿上配备网兜的防摔烂"神器",有长竹竿上带钩子的工具,有用拖把杆做成的伸缩式工具……孩子们信心满满地拿着自己制作的工具开始了第二次摘柿子。果然有了长臂工具的帮助,高处的柿子也被他们摘个精光。孩子们很是骄傲,见到园里的老师就说:"我们把树上的柿子摘得一个不剩啦!"

在这个过程中,孩子们自主分工,两两合作,有爬上梯子摘的,有扶着梯子保护安全的,有负责拿着工具摘高处柿子的,有拿着小篮子捡地上柿子的,整个活动热闹而有序,充满了收获的快乐。在回顾梳理环节中,老师除了请小朋友们将两次采摘过程中的问题和好办法进行了表征与分享,还组织他们对自制的摘柿子工具进行了评比,结合采摘过程,孩子们选出了"最实用的摘柿子工具"——"带钩子的长竹竿"以高票数获此殊荣。

图2　孩子们用自制的工具摘高处的柿子

图3　用带钩子的长竹竿摘柿子

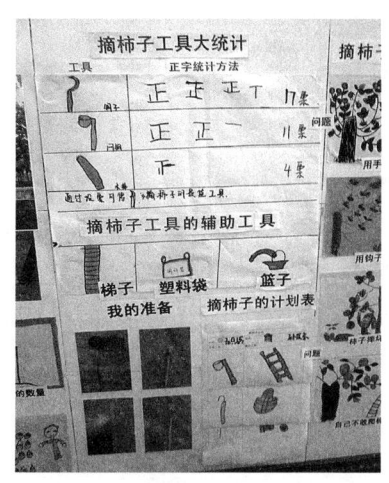
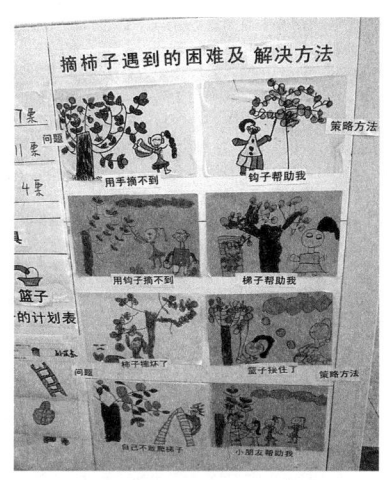

图4　摘柿子工具评比统计　　　　图5　孩子们表征摘柿子遇到的困难及解决方法

数柿子

　　孩子们围坐在草坪上,看着自己和同伴摘的柿子欢喜得不得了,爱不释手地摆弄着,一会儿把柿子围成圆圈,一会儿给柿子排成长长的队,还有的孩子点数起柿子的个数。"这么多柿子,应该够很多小朋友吃吧!"沐泽说。"小朋友们,今天我们一共摘了多少柿子,你们知道吗?"老师问。"数数不就行了嘛!"说着可乐就指着筐子里的柿子开始数:"1、2、3、4、5、6……"文博见状着急地说:"哎呀,你不能那样数,那样筐子底下的都数不到了,我们把筐子里的柿子全倒出来数。""那我们有三个筐子啊,太多了数不过来吧?"可乐又问。"我们分组分筐数,然后加在一起。"可乐又反问:"我们怎么会加呢!这是小学里的数学题呢!"文博机灵地应对说:"我们请老师帮我们把所有的柿子加在一起不就得了!"文博说完,大家一致觉得这个办法好,各组分别招呼伙伴们趴在地上开始数起了柿子。一组将筐子里所有柿子倒在了地上,然后数一个就放回筐子里一个。"1、2、3、4……45个,数完了,我们是45个,你们呢?""我们是58个!"二组亮亮大声地说。"我们是38个。"三组的可乐说。三组的建忠又说:"不对,是54个!""你们数的都不对,我数的是50个!"三组的佳怡又补充道。三组出现了三个点数结果,这时,老师请各组边演示边分享自己的点数方法,最后又请各小组间相互进行验证检查,最终,各组确定了点数结果:45、58 和 50。在验证的过程中,孩子们发现每组点数的方法是不同的,一组是数一个放一个,二组是排好队两个两个数,三组是圈数。大家还发现两个两个点数是最快的方法,但是班里只有亮亮、文硕、嘉禾等七个小朋友会数,数一个放一个是最不容易数错的方法,圈数是比较容易数错的方法,所以大家都很佩服二组点数的方法,老师邀请亮亮教大家学习了两个两个点数的方法。最后,老师将各组的柿子数相加,算出了在两棵树上分别摘的柿子数量(在球球上摘了 81 个柿子,在兰兰上摘了 72 个柿子)和两棵树上一共摘的柿子数量(153 个柿子),孩子们听到这一结果纷纷感叹:"哇,153 个,这么多!"

图 6　一组数一个放一个

图 7　二组两个两个数,三组圈数

... 柿子熟了

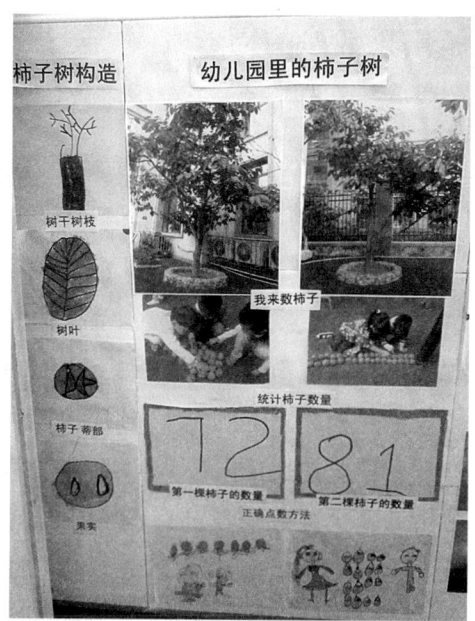

图 8　孩子们记录下两棵柿子树上摘下的柿子数量

猜测：为什么球球结的柿子多，兰兰结的柿子少

　　对于全班一起摘了 153 个柿子，除了感叹，还有一部分孩子们对"为什么球球结的柿子多，兰兰结的柿子少"产生了疑问。老师便组织孩子们进行了讨论。浩森说："因为球球在南边，太阳照得时间长，兰兰在北面，太阳照得很少。"文博说："球球的根很发达，兰兰的根被围墙挡住了，所以结的柿子少。"亮亮说："球球的树干粗可能就结的多，兰兰树干细可能就结的少。"静怡说："因为它们的高矮不一样，球球高结的柿子就多，兰兰矮结的柿子就少。""大家说的好像都有些道理，到底谁说的对呢？"老师提出了疑问。"不如我们来验证一下吧！"沐泽站起来提议。他的提议得到了全班的赞成。于是，孩子们根据四位小朋友的猜测结果报名分成了三个验证小组（由于文博猜测是树根的原因导致柿子树结果数量不同，这个猜测不好验证，所以取消了这个验证小组），分别是树干测量组、太阳照射观察组和高矮比较组。

分组验证影响柿子结果数量的因素

1. 测量树干粗细

老师鼓励树干测量组的每个孩子都选择一种测量树干的工具,因为在之前"我升班了"主题中孩子们有过直线测量桌子、椅子的经验,所以这次孩子们很快找出了他们想用的测量工具:毛线、卷尺、直尺、雪糕棒。测量开始了,孩子们分别拿着这些工具一一尝试进行测量。首先选择直尺和雪糕棒两样工具的孩子们来到树前,马上发现所选工具不适宜,家瑞说:"不行不行,柿子树树干是圆的,不能用直尺和雪糕棒来量。"他们发现这两样工具对于桌子、椅子的直线边是可以用的,对于有弧度的树干是不可以用的。选择卷尺的孩子测量是最容易的,只见一鸣和乐乐两人配合默契,一人用力摁着卷尺的起点,一人拉动卷尺围柿子树转了一圈,立刻就测出了两棵树的粗细——球球28厘米,兰兰38厘米。而选择毛线的孩子,根据之前掌握的首尾相接测量的方法也很快测出了两棵树的粗细,但问题来了:当他们分别测量两棵树后,如何进行比较没有找到好的办法。看到孩子遇到这一困难后,老师马上召集这组孩子进行了商讨,一鸣说:"测量完一棵就要进行记录。"司琦说:"找两根一样长的毛线测,一棵树用一根,然后再比较,哪根长就是哪棵树干粗。"大家一致决定用司琦的办法,因为司琦之前在测量桌子、椅子时是班级的测量高手,果真这组最后测量成功了,比较出球球比兰兰的树干细,因为球球比兰兰所用的毛线要短一些。两种测量工具测量得出的结论是:球球的树干比兰兰的树干细。显然之前亮亮的"球球的树干粗可能就结的多,兰兰树干细可能就结的少"这一猜测是不成立的。

图9 孩子们用卷尺测量柿子树的粗细

2. 观察并记录太阳照射时长

这一组的观察任务是花费时间最长的,孩子们不间断地用了整整一上午的时间。经过观察发现:早上8:30时两棵树都能照到充足的太阳光,一直到10:30小朋友们户外活动时,球球被大厅门口的大柱子挡住了阳光,就没有太阳的照射了,而兰兰依然还有阳光照射,11:00当小朋友们要回教室吃午餐时,兰兰也没有太阳光的照射了,一直到下午球球和兰兰都是在背阴中的。根据这一观察情况,"因为球球在南边,太阳照得时间长,兰兰在北面,太阳照得很少,所以球球结的柿子多,兰兰结的柿子少"这一推测也是不成立的,为此孩子们有些失望。

图10 孩子们观察并记录太阳照射时长

3. 比较柿子树的高矮

比较高矮组的小朋友可忙坏了,他们一会儿跑到树底下仰头看看,一会儿跑到二楼教室窗户边向下张望比较,一会儿又跑到离柿子树远远的位置观察,经过反复观察比较,他们发现以教学楼窗户为坐标物的办法最容易而且能准确地比较球球和兰兰的高矮。最后,他们的结论是:球球的树枝能到二楼窗户的位置,兰兰能到一楼窗户的位置,所以球球高,兰兰矮。那么,之前"球球高结的柿子就多,兰兰矮结的柿子就少"的推测是成立的。

整个观察验证活动后,老师组织孩子们进行了回顾与梳理,首先表扬了孩子们大胆猜测、勇敢验证的品质。但是无论老师怎样表扬孩子们的坚持和行动,有些孩子就是高兴不起来,验证失败的两组很失望。浩森说:"三局两胜吧,我们之前猜的两个都不对,所以我们输了。"一鸣听到"输了"两个字更是不服气地争辩道:"不是这样的!球球结的柿子多,它就应该是长得高长得粗,太阳照射的光多的!为什么兰兰长得粗,太阳光又照得多,结的柿子却比球球少呢?"一鸣的反问引起了本来就不认可这个结果的大部分孩子们的共鸣,他们都跟着说:"就是!就是!为什么兰兰长得粗,太阳光又照得多,它结的柿子却比球球少呢?"看到孩子们有如此大的反应和激动情绪,老师感觉此时的解释是徒劳的,他们是听不进去的,所以,老师当时并没有向孩子们解释过多。同时,为了让孩子们对这一验证结果能真正接受与认同,老师和孩子们一起向爸爸妈妈们发起求助,招募一位懂树木生长的老师来幼儿园给孩子们讲解柿子树的生长与收获,解答孩子们的疑惑。

邀请园林工程师爷爷讲讲柿子树的生长

在家长的帮助下,我们邀请到了一位有经验的园林工程师爷爷来到幼儿园向孩子们讲解柿子树生长所需的条件以及一年四季养护的知识,孩子们对柿子树生长过程中的小秘密有了深入的了解。通过爷爷的讲解,孩子们终于明白了影响柿子树结柿子多与少的因素。比如:土壤的问题、水分充足与否的问题、柿子开花结小柿子时的受破坏程度(也就是落果)等都有可能影响到柿子结果的多少。孩子们听到爷爷的讲解后有些惭愧,浩森对老师说:"老师,我们再也不摘没成熟的柿子了,因为兰兰长得矮,我们经常摘没成熟的柿子,所以兰兰结的柿子少。"浩森的话引起了小朋友的共鸣,大家更加感觉柿子树的生长需要细心的照料和保护。

... 柿子熟了

图 11　工程师爷爷给孩子们讲解柿子树生长所需的条件以及一年四季养护的知识

称柿子

在接下来的日子里,室内区域自选活动中柿子成为孩子们爱不释手的玩伴。美工区里"柿子变变变",每一个柿子在孩子的手中都是那样听话,一会儿的工夫变成了好多可爱的形象;科学区"称一称、比一比哪个柿子最大"是近期最火热的活动。老师从摘下来的柿子中挑选了 10 个大小不一的柿子,鼓励孩子们用天平进行称重活动。刚开始的两天里,孩子们通过反复操作,知道了低的一端比高的一端的柿子是重一些的,两端一样高表示两边的柿子是一样重的。在称重游戏进行的第三天,一鸣和静怡选择玩这个游戏,他俩在称重过程中老忘记哪个柿子是称过的,哪个是未称过的,为此两人想了一个好办法——为 10 个柿子分别标上数字作记号。有了这一好办法后,之后几天里孩子们很容易就比较出每两个柿子的轻重了,更值得高兴的是孩子们还进行了称重结果的记录。就这样进行两两称重对比两天后,可乐小朋友有了新发现,他带着记录表跑到老师跟前说:"老师,我发现 1 号柿子是最大的,7 号柿子是第二大的。"老师被可乐的新发现惊喜到了,在分享讲评环节中请可乐向大家进行了分享,老师还启发孩子们将 10 个柿子根据轻重进行排队。在后面的几天里,孩子们反复进行两两、三三的比较和记录,每天的分享环节中老师都在帮助孩子们进行梳理、推理,最终孩子们排出了 10 个柿子的轻重顺序。

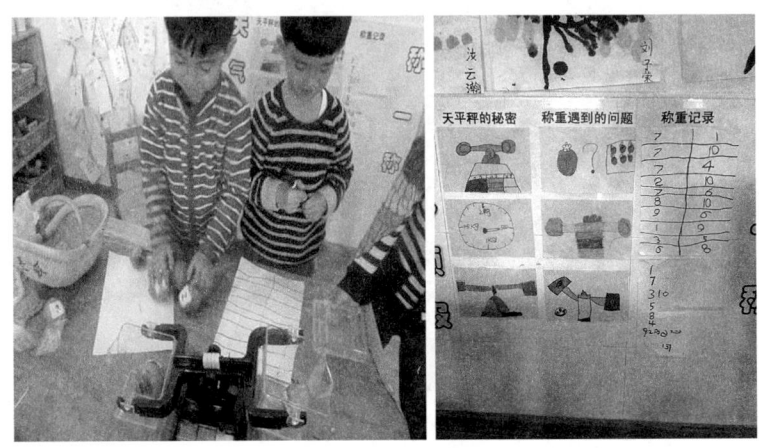

图 12　孩子们专注进行柿子称重游戏,并及时梳理结果

有了科学区给柿子称重的经验后,社会性区域里孩子们扮演成卖柿子的小商人,为柿子标价格,设计推销广告,招揽了不少顾客,柿子卖了一斤又一斤,卖柿子的生意异常火爆,小商人高兴地吆喝着:"卖柿子喽!卖柿子喽!"

画柿子

美工区里,老师带领孩子们将记忆进行储存转化,通过一种特殊的绘画方式——摘柿子拍照留念,采用反向剪影的方式将自己最愉快的时刻进行了捕捉表征;还有的孩子用水墨画进行了柿子树的表征,浓淡墨的相互渗透、彩墨的晕染都为这硕果累累的季节增添了韵味。

图 13　孩子们用反向剪影的方式表征摘柿子的场景

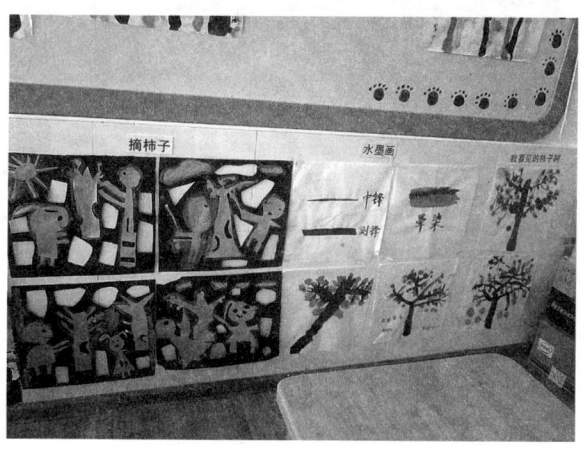

图 14　水墨画表征柿树

捂柿子

收获了这么多的柿子,孩子们都迫不及待想来尝尝鲜。于是,在上午加餐前,老师让孩子们来尝尝柿子的味道。但是当咬下第一口时,孩子们一个个皱起了小眉头,连连摇头说:"不好吃,太难吃了,麻麻的……"一脸失望的样子。老师告诉孩子们这是"涩涩"的味道,就像平时生活中的酸甜苦辣咸这些味道一样。"红红的柿子为什么会这么涩呀?"果果说:"柿子不能直接吃,要用东西捂好了才能吃的!"润泽问:"那要用什么捂?"果果说:"好像我爷爷用苹果捂!"于是老师把"怎样把涩柿子变成甜柿子"这个问题留给了孩子们,并且在信息交流站上创设了"小问号"栏目,希望小朋友寻找答案,并把需要的材料带到幼儿园。

图15 孩子们尝到了柿子"涩"的味道

第二天,孩子们在爸爸妈妈的支持下搜集了各种捂柿子的方法。"小问号"的旁边有了第一个答案——用苹果捂。慢慢的,陆续有了第二个、第三个甚至更多的方法,分别是用山楂、白酒、木瓜捂,还有就是把柿子直接放到塑料袋捂。最后我们把这些方法进行了统计并设计了"捂柿子的方法多"的表格,让孩子们根据自己的兴趣自主选择捂柿子的方法,并且还进行了各种方法选择人数的统计,引导孩子们根据自己的选择准备相应的材料进行捂柿子的小实验。活动中,为了让孩子们关注并发现柿子的变化,老师为孩子们提供了观察记录表。接下来的几天里,班级过渡环节活动全都变成了"我的柿子是否捂熟了"观察活动,孩子们个个认真地在记录表上记录着捂柿子的天数和柿子的变化。

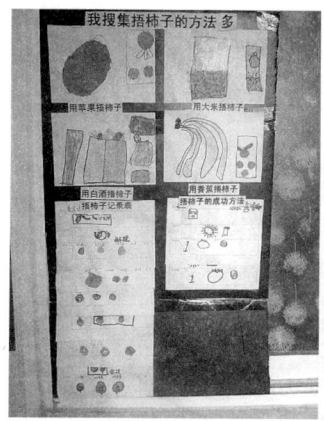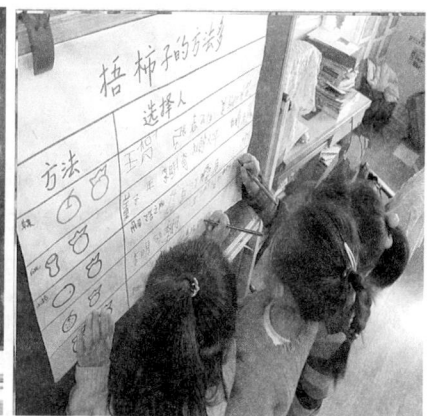

图 16　孩子们搜集的捂柿子方法

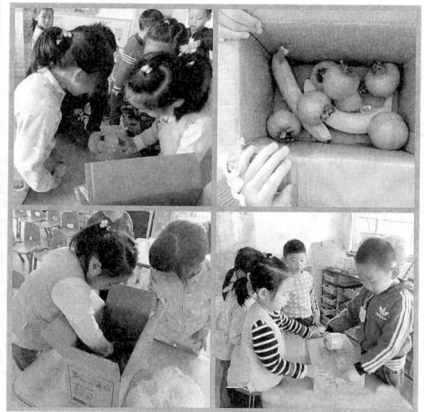

图 17　孩子们开始了捂柿子的小实验

图 18　孩子们在记录表上记录着柿子的变化

吃柿子

1. 柿子的不同吃法

一周后,在孩子们的期盼中柿子终于捂好了,新鲜的柿子出炉啦!小馋猫们早就垂涎三尺,看他们品尝到自己动手采摘、捂好的柿子时那翘起的嘴角和上扬的眉梢就知道柿子格外的甜。老师还鼓励孩子们收集了不同品种的柿子以及柿子制品的实物和图片。豆豆带来了硬的柿子,她说:"我们幼儿园的柿子是软柿子,我带来的是硬柿子,不用捂,削了皮就可以吃!"司念带来了大的圆圆的柿子,她说:"这个是南方的柿子,跟我们的柿子形状不一样!"睿睿给小朋友带来了柿饼,他说:"柿饼就是把柿子晒干,用工具把它压扁做成的!"贝贝带来了图片,上面介绍了柿子更多的吃法。

2. 做柿饼

班里吃不完的柿子除了分享给其他班的小朋友外,大家还一致要求把它们制作成柿饼。为了满足孩子们的意愿以及保证制作柿饼的成功,老师和小朋友向班级家长发出邀请,招募一名会制作柿饼的家长来当客座教师,最后浩森的奶奶来到班级带领孩子们一起削柿皮、串柿子、晾晒柿子,一步一步制作出了柿饼。

图19 孩子们开心地品尝着自己捂的柿子

图 20　孩子们制作柿饼

教师的感悟

1. 有效利用园内环境资源，追求教育价值最大化

绿色的、生态的园内环境本身就是隐形的课程，幼儿园的花草树木都可成为重要的课程资源。教师充分利用园内果树资源，尊重幼儿的兴趣和好奇心，开展了"柿子熟了"系列采摘实践活动，大大满足了幼儿的探索欲望，让幼儿园的果树焕发它另一独特的生命价值。

2. 以问题情境指引幼儿深度学习

关注问题是课程指导的根本。活动中，教师竭力为幼儿的探究活动创造宽松的环境，鼓励幼儿大胆提出问题，通过设置"问题情境"向幼儿提出活动挑战，引起幼儿探索并解决新问题的欲望。如何摘到高处的柿子、为什么球球比兰兰结的柿子多、你能按照柿子的轻重排排队吗、怎样让涩柿子变甜等问题的提出助推幼儿大胆主动地探究，发表不同意见，学会尊重别人的观点和经验，体验劳动和收获的喜悦、猜想与验证的成功感。课程实施过程中教师还注重引导幼儿进行知识经验的迁移与积累，从而建构新的经验，让幼儿深深地感受到幼儿园的课程是好玩的、有趣的、有意义的，对幼儿园的每一天充满了好奇与期待。

3. 教师专业视角推动课程深度实施

课程是帮助幼儿成长的重要依托，教师在课程实施的过程中要从专业的角度分析活动的价值。日常教学中,幼儿园注重引领教师挖掘课程中的某个故事,幼儿的某个疑惑、某个感兴趣的话题等,以此开发属于幼儿的活动,为幼儿创造深度学习的有利时机。教师捕捉到幼儿对幼儿园柿子成熟问题的关注热情和兴趣,研读每一个孩子,关注幼儿发展的每一个寻常时刻,尊重幼儿的意愿和需要,以专业的角度判断活动所隐含的教育价值,高质量地实施主题,使教师和幼儿都成为课程的主动建构者。

专家点评

　　这是一个很好的课程故事,品读完,我脑海中冒出的第一个问题是:幼儿园课程在哪里?故事让我们再次确认,幼儿园课程在幼儿的生活中,在幼儿的行动中,隐含在花草树木、人际关系等中。如果幼儿园教师拥有科学、敏锐的课程意识,那么,在幼儿与周围自然环境和社会环境的互动中,幼儿园课程也就产生和展开了。故事很好地诠释了陈鹤琴先生的"大自然、大社会都是活教材"的观念,幼儿园应该以大自然、大社会为中心组织课程。

　　幼儿园里看似平常的两棵柿子树——"球球"和"兰兰",在孩子眼中,是自己的好朋友,孩子们喜欢它们,对它们充满了感情,关注着它们一点一滴的变化,由此也展开了一系列有趣且有意义的活动。

　　在一个个真实的问题情境中,幼儿综合性、有意义的活动也在不断深入,从最初的观察外形特征、采摘柿子到比较柿子数量再到讨论、验证柿子生长的环境与条件等,从关注柿子到关注柿子树再到关注柿子树与阳光、土壤以及人们行为等的关系。从故事中我们可以看到,幼儿的活动方式是多样的,有观察、交往、猜测、验证、比较、表达、劳作等;活动类型也是多样的,包括领域活动、区域活动、游戏活动、生活活动等,活动还邀请了家庭及社会人员的参与;如果我们将活动中幼儿可能获得的经验与《指南》进行仔细比对的话,我们一定能发现活动的目标已涉及5大领域。故事展开的活动已回归到幼儿园课程的本质,假如教师能理性地从幼儿教育特点、幼儿学习规律出发的话,孩子们的活动本该是多样的、综合的、生活的、行动的。

　　最后,我在想,如果不是一次性把柿子"摘个精光",少留一些在树上,将会发生什么呢?对于全园所有的孩子来说,柿子树都是课程资源,我们期待更多孩子的参与、发现和成长。

(南京市太平巷幼儿园　汪　丽)

渔村探秘之旅

山东省青岛西海岸新区第一幼儿园　蒲倩倩

持续时间：2019年4月至6月

年龄段：大班

缘　起

"小时候妈妈对我讲，大海就是我故乡。"从晨钟到暮鼓，从暖春到寒冬，青岛西海岸新区的孩子们在海边出生，在海边成长。这方沃土位于黄海之滨，有着282千米的漫长海岸线，红瓦绿树、碧海蓝天是青岛的城市名片，也是对新区的最好描述。近几年随着新区的快速发展，美丽的海滨城市在不断地改造和发展中蜕变得更加美丽迷人。新区的孩子们奔跑在唐岛湾，仰望着摩天轮，他们在海边戏水、赶海，他们在海边挖蛤蜊、制沙雕，美丽的大海好像对孩子们有着无限的魔力。在现代的新区背后，还有这样一个地方——渔村，那里有海草式的住房和传统的渔村文化，它就在我们身边，却已经离现在的孩子越来越远。有一天，一个孩子向小朋友们分享了自己在渔村奶奶家的见闻，从那时起，探索渔村的大门打开了，孩子们开始对渔村、渔民、渔网、桅杆、海草房等事物充满好奇。渔村在哪？它是什么样子？那里的人都在干什么？这个在孩子们身边却又远离他们的地方，对孩子来说是那样陌生。于是本着对传统渔村文化的传承，借着"就地取材"的本土自然资源，老师和孩子们一起开始了渔村探秘之旅。

渔村在哪里？

1. 缘起

一天,乐乐和小朋友们聊起了他去爷爷家的趣闻,他说:"我爷爷是船长,他有一艘渔船,就停在他家前面的海滩上。"孩子们听到乐乐爷爷家里有渔船,都不可思议地问:"真的吗？你们家有船？""真的,我爷爷家住在渔村,他是打渔的。"乐乐骄傲地说。"渔村？在哪？要坐火车去吗？"孩子们七嘴八舌地讨论起来。老师敏锐地发现了孩子们的兴趣点,适时参与了讨论并向孩子们抛出了问题:"渔村在哪里？"卡卡说:"我去过鱼鸣嘴和竹岔岛,那里是渔村。"大楷说:"应该在遥远的海边。""应该坐飞机到很远的地方。"那么渔村到底在什么地方呢？有什么东西？老师建议孩子们回去问问家人。于是孩子们在家长的帮助下通过翻阅地图、询问老人、网上查阅等方式获得了关于渔村的宝贵信息。

2. 渔村秘密知多少

几天后,我们开展了一次"渔村秘密知多少"的经验分享活动,孩子们热情极高,纷纷用不同的形式向小伙伴们分享他们心中的"渔村秘密"。晨玉带来了一本《黄岛区志》,他告诉大家:"这是一本记录渔村历史的书,里面介绍了薛家岛的七个渔村,分别是鱼鸣嘴、石岭子、施沟、董家河、刘家岛、鹿角湾、顾家岛。"悦悦说:"海边有很多有意思的节日,我参加过金沙滩文化旅游节、啤酒节、灵山岛拉网节、祭海节、开渔节。"景行用自己画的连环画向小朋友们分享了鱼鸣嘴的传说。奕清拿来了薛家岛的地图,在地图上指出了渔村在哪里,他说:"3路公交车可以到达鱼鸣嘴,那里就是个老渔村。"听了大家的介绍,孩子们对渔村的好奇心更加强烈了。喵喵说:"渔村该不是神奇的城堡吧？我好想去看看！"奕清说:"去吧,坐3路公交车。"奕清的话瞬间激发了孩子们想要去渔村的愿望。孩子们说:"老师,我们去渔村看看吧！"

图1 孩子们分享"渔村秘密"

3. 分组行动

看着孩子们渴望的眼神,老师决定满足孩子的愿望带他们走进渔村,揭开渔村神秘的面纱。首先老师和孩子们一起在地图上找到了渔村的位置,发现沿海边缘有七个渔村,趁此机会老师和孩子们分享了七个渔村的故事。分享后,孩子们有的想去顾家岛,有的想去鱼鸣嘴……怎么办呢?乐乐说:"那我们分组行动!"这个好办法立刻得到了大家的同意。孩子们决定分组去不同的渔村,当然是在家长的陪同下。去之前他们制订了分组计划,用投票的方式选出了各组的小组长,为了联络方便还留下了家长的电话号码,一起定下了出发时间、地点等。万事俱备,就等着家长出车了。当老师把孩子们做的计划拍照片发给家长时,家长们惊讶地说:"原来我们只有做司机的份啊,孩子们把一切都计划好了。"

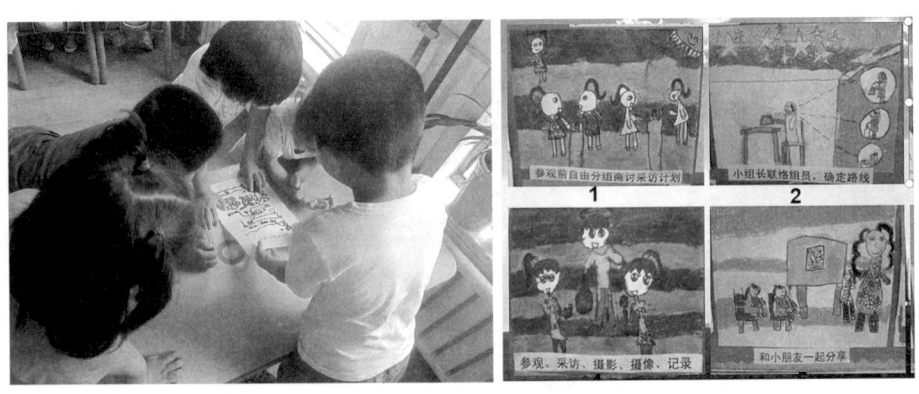

图2 成立探秘小组并制订参观计划

4. 采访计划

出发前一天,孩子一起讨论:去渔村要干什么呢?

"我想去看渔船。"

"我想去看看里面有啥。"

"我想知道怎么打渔。"

孩子们七嘴八舌地说着。

老师:"那快把你们的想法记下来,找到渔民后可以问问他们。"

浩浩:"那我们可以采访他们!"

于是孩子们就成立了采访小组,小组里分工明确,有记者、摄影师,还有记录员。每个小组成员出发前都明确了自己的任务,制作好采访表,做好出发的准备。在家长的陪同下,探秘渔村小分队开始了行动。

图 3　采访计划和采访问题统计

渔村实探收获多

1. 一探渔村

周末,孩子们来到了神秘的渔村。看到了渔村的真正样貌,此时孩子们才发现自己的身边原来还有这样一方天地,在那里住的是茅草房,睡的是土炕床,吃的是小海鲜,做的是打渔工。他们用小脚丈量蓝色的海岸线,走走看看、听听转转,走过每条街道,转进每家院子,在海边,他们看到了真实的渔民在海边忙碌。他们用相机记录下每一个渔村的现实景象,通过采访渔民解开了自己心中的小小疑惑。

图4 采访渔民

周一早上,孩子们带着收获的喜悦来到幼儿园。

伊伊给大家带来了她在顾家岛码头录的一段视频,视频中记录了渔村人幸福忙碌的生活,打渔归来的热闹场面让我们身临其境。她还如数家珍地介绍起了渔民们自己打的海鲜产品:这是蛤蜊,这是八带鮹,那是螃蟹……俊辉把他在渔村的发现制成了海报,他看到了渔村百年海草房和带着壁画的砖房,他还走进了渔民的家里,看到了打渔的生活用具。通过渔民的介绍,他了解了海草房的冬暖夏凉及防潮等特点,知道了使用什么样的海草和什么样的方法建造海草房。熙涵去的是石岭子,在那里他看到正在忙着整理、修补渔网和晾晒海鲜的渔民,他向渔民询问了像灯笼一样的网的用途和晾晒海鲜的注意事项。原来在石岭子这个地方有好多养殖渔民,那个灯笼网就是用来养殖扇贝的。思睿去的是鱼鸣嘴,她说她给大家带来了一个秘密,她请大家看她带来的图片上有什么特点。金浩一眼就看出来房子和渔船上都插有红旗,思睿问小朋友们知道为什么有红旗吗。大家摇摇头,她骄傲地说她采访过渔民爷爷这个问题,爷爷告诉她红旗有着爱国及平安的含义,还可以为出海打渔的人指明风向。小猪猪给大家带来了海星的故事,她在海边发现了一只断脚的海星,她很伤心。旁边的渔民阿姨告诉她不用担心,海星的脚还可以长出来,于是她高兴地和爸爸把海星送回了大海。晨玉去了码头,他说他看到了满载归来的船只靠岸、卸鱼的过程。渔民非常辛苦,又累又脏,但是收获很多。所以我们应该珍惜吃的每一条鱼。可乐给大家讲了一个陈姑庙的传说,大家很好奇这个陈姑庙到底在哪里。

图5　分享"我的渔村之旅"

分享活动精彩又充实,孩子们终于知道了神秘的渔村在哪里,分享过后,他们又新生了更多的问题。

2. 二探渔村

陈姑庙的传说成了分享活动后最热门的话题,孩子们很想知道陈姑庙是否真的存在,好想去看看陈姑的旁边是否真的有一只狗陪伴在她的身边。

经过考虑,老师决定满足孩子们的期望,老师和孩子们再一次来到顾家岛探访陈姑庙。走进陈姑庙,映入眼帘的红色牌匾向所有孩子证实了可乐的分享,真的有陈姑庙。在庙前,老师讲述了陈姑的故事,告诉孩子为了纪念陈姑人们修建了这样一座庙宇。渔民们每逢出海打渔前都会来这里祈求平安,所以这里成为整个渔村最核心的文化地段。进入庙宇后,可乐成了小导游,向大家介绍陈姑庙的角角落落。

在去陈姑庙的路途中,我们还看到了百年海草房。渔民爷爷介绍这个海草房有一百多年的历史,是比老爷爷还老的"爷爷"。孩子惊叹这么长时间海草房怎么还没有坏呢?爷爷介绍说海草房利用了海草有黏性的特点,将海草一层一层地粘上,百年耐用。

童心发现大自然

图6　走进陈姑庙　　　　　　　　　图7　来到渔船边

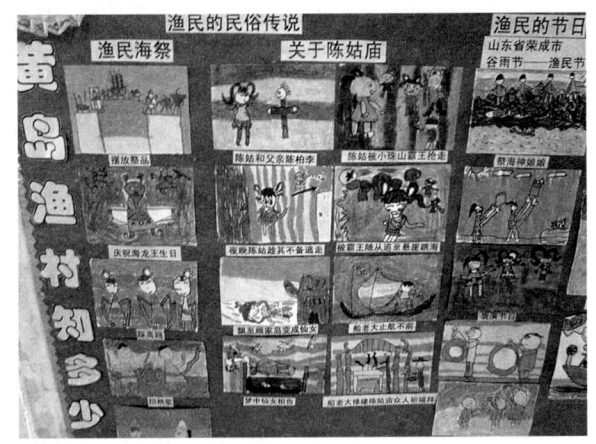

图8　参观后幼儿的表征

渔村文化体验

1. 爷爷教我来捕鱼

有一天,美美带来了一张渔网,渔网的孔整齐又紧密,材质结实又坚韧,孩子们爱不释手。多多学着打渔人的样子扔起渔网进行捕鱼,旁边小伙伴围拢过来,开始了热闹的讨论。

可可:"不对,你这样可捉不到鱼,鱼都被吓跑了。"

多多:"那怎样捕鱼,你知道?"

可可:"我当然知道,我爷爷就是捕鱼达人,他是开船出去捕鱼的。"

小伙伴们听到"开船出去捕鱼"这句话,赶紧凑到可可身边。

老师也很好奇地问可可:"爷爷是怎样打渔的,你能给我们讲讲吗?"

孩子们叽叽喳喳地提问,可可骄傲地讲述爷爷打渔的故事。最后孩子们请可可邀请爷爷来幼儿园给大家讲打渔的故事,可可爽快地答应了。第二天可可就带着爷爷来了,爷爷是一位慈祥的老渔民,知道许多关于打渔的精彩故事。孩子们被爷爷讲的故事所吸引,都听得很专注。讲到惊险的时刻,乐乐不由得站起来问:"爷爷,若是遇见大风大浪怎么办?"其他孩子也争相问道:"要是遇见鲨鱼怎么办?"等等。面对滔滔不绝的问题,爷爷认真地解答。爷爷说渔民不仅要有熟练的打渔技巧,还要配置好的打渔工具和储存工具。说到打渔工具,孩子们不约而同地想到并提起渔网,接二连三地问关于渔网的各种问题:"用什么样的网?""网有多大?""都是灯笼的样子吗?"在爷爷的耐心解答下,孩子们收获满满的知识。

图9 渔民爷爷来幼儿园了

同时,活动中激起孩子兴趣的还有老爷爷的口音,他操着一口浓浓的家乡话,介绍了许多渔家人说话的习俗,引得孩子们纷纷模仿。比如:渔家禁说"漏""翻""扣",要说"明""转""划"或"划过来";碰到鲨、鲸等老鱼,不能直呼其名,要称"老人家"等。同时爷爷还和小朋友们分享了一些打渔的顺口溜和谚语,他们翻来覆去地念着那几句顺口溜,感觉有意思极了。

最后可可爷爷感叹道,打渔不是一件容易的事情,做一个渔民也要懂很多东西,比如:了解渔期,认识鱼种,懂得海上的自然现象,一般出海前都要预知天气、海势等情况。要是真的遇到危险要能机智地解决,当然也有因打渔牺牲的人。听到这里有的孩子说:"太辛苦了,打渔好危险。"渔民的真实经历让孩子们懂得要珍惜现在的幸福生活。

2. 薛老师教我来织网

可可爷爷的到来激起了孩子们对渔网的兴趣,于是老师在班级的区域中提供了可以用来编织的彩色绳子。一天,凯琪和晨玉玩起了编渔网的游戏,她们拿着自己编的渔网进行分享。晨玉说:"我是用一根绳子编织出来的,一根绳子不断地系扣子就围成了渔网。"凯琪说:"你的渔网有的孔大,有的孔小,怎么捕鱼呢?鱼会跑的。"果然,她的渔网每个孔几乎都一样大,凯琪介绍说自己用了很多根绳子交叉成了一样大的格子。陈晨说:"这样编渔网该多累啊,我记得去鱼鸣嘴的时候一个奶奶编渔网只用了一根绳子。"老师忙问:"渔民到底是怎样用一根绳子编织出孔一样大的渔网呢?"大宝说:"小一班的薛老师不是渔村的吗?我去刘家岛的时候还去她家做客了呢!要不我们去问问她?"孩子们决定请薛老师来班级展示如何编织渔网。涵如提议做个邀请函请薛老师来,于是几个小女生开始行动了。第二天早上,薛老师来到了我们班,在孩子们的簇拥下展示了她多年的织渔网本领。

图10　薛老师教织网

薛老师一边讲一边整理着线绳,熟练的手法让孩子们惊叹不已,孩子们的眼睛都瞪得大大的,生怕错过什么细节。晨玉自言自语地说:"那个绳子和我们的不一样。"薛老师介绍她用的是尼龙绳,以前编渔网用的是植物麻和粗布,还要染上猪血,但是还是容易腐烂和损坏。现在生活好了,编渔网的材料也越来越好用,尼龙绳不易破碎而且方便打渔。晨玉问薛老师为什么她编织的渔网孔是一样大的而且只用了一根绳子。薛老师拿出来她的两个法宝——梭子和隔板。梭子是将一根线织成渔网的必备武器,这个小小的东西有着多种功能,既能将鱼线梳理好,又能像鱼一样游离在鱼线中将一根线编织成一张网,而隔板是为了隔住线让每一个孔都一样大。说罢,薛老师开始演示起来,这样两个不起眼的东西在薛老师的手里转来转去,不一会儿,一张渔网就织成了。孩子们迫不及待地想要尝试,大宝最先学会了过线和穿线编织成一扣,激动地拿给薛老师看。接下来薛老师还介绍了渔网的分类:流制网、围网、拖拉网等。看着孩子们如此喜欢,老师把编织渔网的工具和材料投放在区角里,孩子们每天都争抢着进入区角里进行编织。

3. 绘画渔谚

走进渔村后,渔村文化也一直感染着孩子。孩子们搜集了各种各样的渔谚进行绘画,并与同伴分享。

图11 我来画渔谚

4. 最美渔家剪纸

渔家剪纸经渔家儿女之手,真实反映了海岛渔村人民质朴的愿望和追求,富有浓郁的海岛特色。为了让孩子们更好地感受渔家剪纸的艺术风格,老师邀请到了剪纸协会的一位老奶奶,她带来了渔家剪纸作品和孩子们一起欣赏,并教孩子们剪金鱼、鲨鱼、热带鱼、鲸鱼、可爱的小丑鱼等。

童心发现大自然

图 12　奶奶教渔家剪纸

孩子们在奶奶的指导下都能够剪出自己喜欢的小鱼的形状,但是渔家剪纸里还有复杂的图案和形状。面对剪纸作品中复杂的鳞片有的孩子犯了难,怎么样才能剪出复杂的鳞片呢?浩宇拿着小鱼向奶奶求教,因为他不知道怎么样剪出小鱼的鳞片。奶奶说:"所有不同形象的鱼都是通过对称手法剪出来的,包括小鱼身上复杂的鳞片。"奶奶给浩宇示范了鳞片的剪法,浩宇也拿着自己的小鱼折过来又折过去,左一剪子右一剪子,终于他的小鱼身上长出了漂亮的鳞片。最后,很多孩子都剪出了复杂又好看的鳞片。

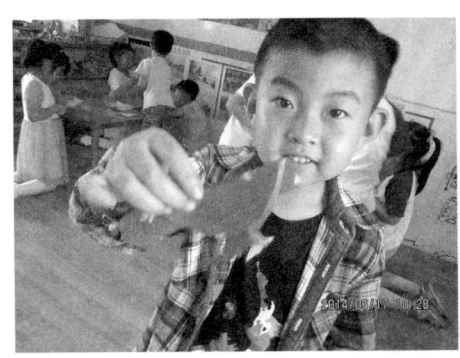

图 13　剪出鳞片了

我也来当小渔民

1. 制作干海产品

最近班里的话题除了打渔就是海鲜。海鲜营养丰富,是海边人家餐桌上的必备食物,各种干海产品更是深受小朋友的喜爱。孩子们了解了渔民的生活后对制作干海产品产生了浓厚的兴趣,他们不停地问好吃的海鲜肉是怎样做成的。为了满足孩子们的好奇心,老师悄悄做好了准备。

这天,当老师把两大盆面条鱼和蛤蜊摆在孩子们的面前时,孩子们纷纷凑上前,瞪大了眼睛。

芭比:"这个我吃过,它叫面条鱼!"

"这个就是蛤蜊呀,"润峰说,"可是这怎么变成干海产品呢?"

贝贝:"我们去太阳光下晒晒。"

通过讨论,孩子们明确了制作干海产品的步骤:清洗、蒸煮或烘烤后取肉、晾晒。

孩子们开始行动了。首先是清理海鲜。孩子们在盆中灌满了清水,撸起袖子,刷蛤蜊,洗面条鱼。突然清宇对蛤蜊壳表面的花纹产生了兴趣,说:"哎!你们看!这个蛤蜊壳上的花纹是波浪线的!"其他孩子也拿起蛤蜊看起来。"我这个花纹是长城线的!""我的蛤蜊壳上的花纹像彩虹一样弯弯的!多漂亮啊!""看,这个蛤蜊里竟然包着个寄居蟹!"……一次清洗海鲜的过程,带给孩子们丰富的体验!

清洗后,孩子们将两样海鲜送到食堂进行初步的蒸煮和烘烤。蛤蜊煮熟后,第二道工序开始了:扒蛤蜊肉。刚开始扒的时候,乐乐发现总是不能完整地将蛤蜊肉取下,懊悔之际,俊彤突然大声地说:"老师,我扒下一个完整的蛤蜊肉啦!"其他孩子们都跑过去看,俊彤说:"蛤蜊肉内有个小柱柱,要细心地用手指甲从蛤蜊肉的深处抠下,这样才能完整地扒下肉。"孩子们有了这个宝贵经验后,纷纷再次尝试,效果让他们很满意。原来有的时候,不需要老师指导,孩子们也能通过自己的尝试去发现,通过同伴间的学习获得成功。

图14 洗海鲜

图 16　一起晾晒海鲜

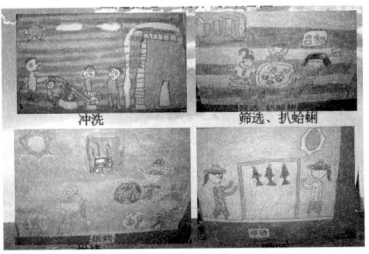

图 15　将海鲜送到厨房　　图 17　我们制作干海产品的经验

不一会儿，一大盆战利品出来了。"今天的太阳很不错，我们拿出去晾晒吧！"在老师的呼吁下，孩子们将蛤蜊肉和面条鱼摆放到户外。"你得把那边的面条鱼分开些，这样晾晒效果会更好些！""我们得给它们盖上东西，不然弄脏了怎么办！""万一有小动物偷吃了怎么办？"……孩子们在晾晒过程中发现了很多问题，在讨论中他们想到了将海鲜摊均匀、盖凉布、值班员扫蝇虫等方法。这次制作干海产品非常成功，尤其在吃到了自己晾晒的干海产品后，孩子们更加兴奋。

2. 海产品买卖会

最近，幼儿园里充满了海鲜的腥味，家长们开玩笑地说："我们好像进了海鲜市场，我都想买点海货了。"这位家长的话给了老师和孩子们启示，孩子们说："渔民村里有很多卖海鲜的。""要不我们也来卖海鲜吧。"老师支持了孩子们这一想法。在激烈地讨论中，他们制定了自己的买卖规则，价格、数量、买卖方式都是自主决定的，意见达成一致后就准备营业了。

干海货市场开始营业之前，我们向"顾客"提出要求：每位"顾客"购买自己觉得最有营养的产品；"顾客"必须与"卖主"确定好产品的价格，钱付了就证明你买了。"顾客"表示非常清楚购买要求。

当"卖主"遇到"顾客"的时候,他们极力向"顾客"推荐,说服"顾客"购买,而"顾客"东问问、西瞧瞧,砍砍价钱,选着自己最中意的产品。就这样,海产品买卖会开展地如火如荼,十几分钟过去了,买卖会依然人声鼎沸,有的孩子向老师炫耀他卖出了产品。最后一件产品也没剩,"零库存"证明了孩子们的成功。孩子们告诉老师,因为产品太好吃,价格也比较便宜,所以大家都抢着买,这叫作"物美价廉"。

图18　海产品买卖会开始了

我是护海小卫士

一天,魏伊给大家分享了养殖扇贝的图片,很多孩子对"养殖"这个词产生了兴趣,纷纷去搜集附近养殖海产品的地方和品种的信息。搜集过程中,他们发现近海海产品种类日益减少。孩子们有时去海边看到海面的污染现象,感到很着急。

朵朵:"如果大海污染了,小鱼们怎么办?"

乐乐:"我们渔村的人,还会那么开心吗?"

大楷:"我们得去渔村保护大海!"

大家一致提出要爱护和保护我们的海洋,保护我们美丽的家乡。

于是孩子们选择用自己的方式去保护我们的海洋。他们分组讨论并制作了关于爱海、护海的小计划。孩子们绘制了宣传海报,一张张张贴在幼儿园里。他们还排练了童话剧,并邀请家长观看,呼吁大家爱海护海;一个是《小人鱼》,讲述了小人鱼战胜垃圾大王的故事;一个是《渔夫和盆》,讲述了保护我国出海文物的故事。孩子们还以护海小卫士的名义写给海洋局一封信,希望他们能够治理一下污染的海域。

图 19　童话剧演出

图 20　宣传海报

结　语

渔村探秘的活动已经结束,但是渔村文化就像一颗种子,正在孩子们的心中悄悄发芽,随着这颗种子长大,他们对家乡的渔文化也将会有更深刻的理解。他们会为家乡自豪,会用自己的方式来表达对家乡的热爱。传承文化不一定是诵读,也可以是体验和寻找,本次活动结合本土资源,利用周边环境,让孩子们在自己兴趣的引领下不断探索,不断揭秘,在实地探访和了解渔村的过程中获得了经验,表达了情感。

图 21　幼儿园里的"渔村"

专家点评

该主题选题十分有价值。在当前城市发展出现千城一面的大背景下，如何挖掘和保护地方历史特色，是当前城市化过程中的重要问题。青岛是一个美丽的海边城市，但在城市化过程中，渔村与孩子越来越远。当一名幼儿向小朋友们分享自己在渔村奶奶家的见闻时，教师敏感地捕捉到这个资源的价值，支持幼儿们开展了探秘渔村之旅。这些活动可帮助幼儿丰富对海边生活的理解，进一步获得"我是一个海边娃"的身份认知，可以增进幼儿对家乡的了解，培养幼儿爱家乡的情感和行为。

该主题的开展过程可较好地实现培养幼儿爱家乡的目标。爱家乡是幼儿园教育的经典内容，但如何合目的合规律地进行爱家乡教育，仍值得深入研究。正如该课程故事的作者所言，传承文化不一定靠诵读，也可以通过体验和寻找。我认为，传承家乡文化，培养爱家乡的情感，更主要靠体验，而非诵读和说教。真正的爱的情感的萌发必须置身其中，充分体验和认识。通过诵读和口头说教产生的爱只存在于知的层面，不涉及情感和行为，无法深刻。该主题让幼儿通过走入渔村、探秘渔村、体验渔村和保护渔村，在对家乡充分了解和体验的基础上，自然生发爱家乡的情感。换言之，对本地资源的充分利用，就是最好的爱家乡教育。

该主题基于幼儿的兴趣与问题在行动中展开。两次探访渔村、同伴分享渔村经验、邀请爷爷介绍渔民的生活等为幼儿提供了丰富扩展经验的机会，之后教师通过教授制作渔网、进行渔文化剪纸活动、图画表征渔文化、游戏表征渔民生活、制作干海产品并进行买卖等帮助幼儿巩固和提升经验，最后以关心和保护海洋结尾，进一步升华了幼儿对海洋和家乡的感情。基于兴趣和问题—丰富扩展经验—巩固提升经验的主题开展思路非常清晰。

（南京师范大学　原晋霞）

"芽"的持续性探究

江苏省扬州市机关三幼京华城幼儿园　任　莹　冯德菲
持续时间:2018年10月至12月
年龄段:大班

缘起:生姜发芽了

国庆节过后,尹千带来了一些生姜放在自然角,过了一段时间,孩子们发现生姜上面冒出了尖尖的头并对此展开了讨论。有的孩子说这是芽,也有孩子说这不是芽。

贝贝的一句话吸引了很多小朋友:"这是芽吗? 生姜又不是种子,怎么会发芽呢?"

开心:"对! 种子才会发芽!"

子木:"可是生姜上长出来的就是芽啊! 你看,尖尖的。"

梦源:"这个芽跟种子发的芽不一样吧?"

恩恩:"种子发的芽? 是什么样的?"

贝贝:"我觉得这一定不是芽,种子才没有生姜那么大。"

孩子们你一言我一语地谈论着,这时球球和子木的讨论似乎越来越激烈了。

球球:"所有种子的芽都是一样的,都是尖的,因为它要从种子里钻出来。"

图1　生姜发芽了

子木:"我不同意,我觉得种子的芽是长的,还是软软的,是没有长大的叶子,因为叶子是软的所以芽也是软的。"

球球:"你怎么知道芽是软的?有的叶子是硬的,芽也应该是硬的啊。"

子木:"我摸过的。"

球球:"我不信,反正我看到过的种子的芽就是尖尖的、长长的,不过我没有摸过!"

经过一段时间的观察,老师发现了孩子们关注的问题:什么是芽?只有种子才可以发芽吗?于是,围绕"芽"的探究活动开始了。

什么是芽

一百个孩子一百种芽,孩子们对于芽的前期经验和理解是各有不同的,交流中,他们兴奋地将这些经验说给同伴听,有的还画了下来。在聆听孩子们表达的过程中,老师发现他们对芽有一定的了解,但相对片面,比如有的认为所有的芽都是短短的,有的认为所有的芽都是软软的,有的认为只有种子发出来的才是芽……

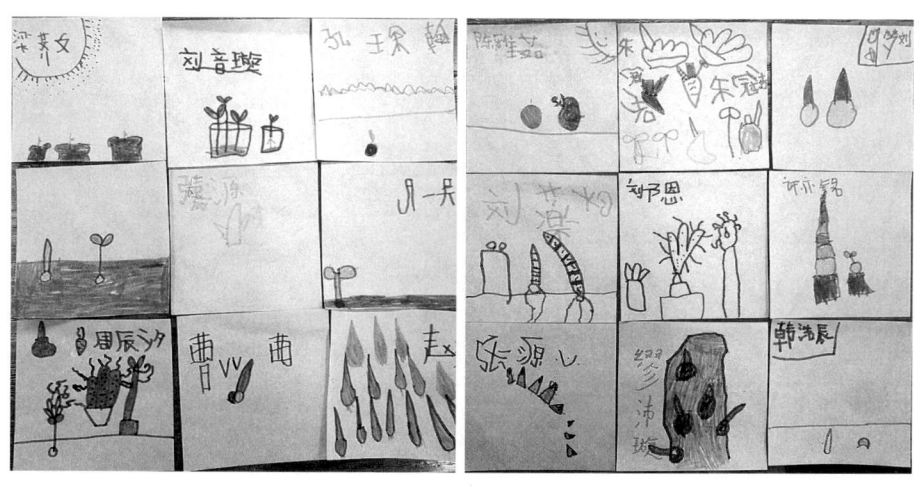

图2 幼儿用绘画表征"什么是芽"

哪里有芽

孩子们和家长一起去生活中、自然中寻找芽,收集更多关于芽的素材,并记录了下来。

图 3　荠文在超市找到了芽

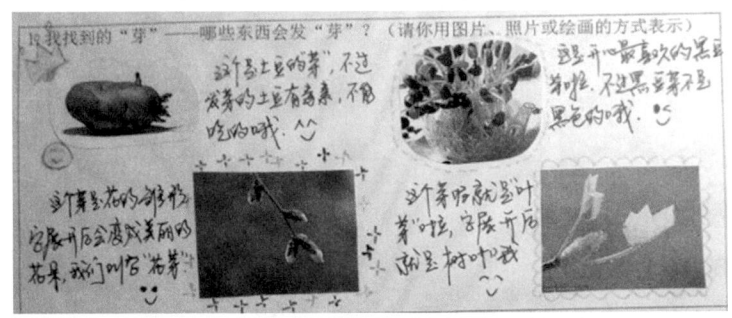

图 4　朵朵的寻芽记录表

经过讨论、寻找、调查和谈话后,孩子们积累了同伴、家长、老师有关芽的简单经验。

随着探究的深入,关于芽,孩子们的问题越来越多。为了满足孩子们对芽的探索需求,老师在班级的自然角和区域中设立了"问题夹",方便孩子们提出各种各样的问题与看法,为引发他们更深层的探究提供更多的可能性。

此外,老师还给予了其他适宜的支持,比如在班级的自然角和区域中提供了可供发芽的育种盘,鼓励孩子们动手操作、细致观察、亲身体验发芽过程,鼓励孩子们在近距离接触、观察、发现中感受芽的生长与变化,鹰架孩子们的行为,引发孩子们的深度学习。

图5 设立"问题夹"

我们可以养芽了(11月1日)

老师购买育种盘时店家赠送的两包种子引发了孩子们的讨论。"这是什么种子啊?""我也不知道。"关于问题的答案老师想留给孩子们自己去寻找。他们询问家长、查阅资料后猜测可能是豌豆和小麦种子,那么到底是不是呢?孩子们决定将种子种下去试试。

孩子们分工合作,开始养芽。他们从资源区找出两个杯子,取出两种种子,按照说明书上的第一步开始泡发。种子需要泡发12小时以上,孩子们看着时钟不停地问:"12小时,就是钟上的短针要走完一整圈吗?""那要到什么时候?"老师为孩子们提供了时钟及时钟表盘学具,让他们通过动手操作与观察时钟来体验1分钟、1小时有多长,理解12个小时的等待是一个漫长的过程。尽管如此,孩子们还是忍不住,只要有空都会来到种子边上看一看、摸一摸。

图6 幼儿看图探讨育种盘的使用方法和养芽步骤

种子把水喝掉了(11月2日)

在孩子们的期盼中,第二天来临了,很多小朋友早早地来到幼儿园,他们没有像往常那样先玩桌面或区域游戏,而是围着杯子看种子是不是泡发好了,谈论着种子的变化。"杯子里的水怎么没有了?""老师,是你倒掉了吗?"当确认不是老师把水倒掉的时候,四喜小朋友把没有泡发的种子拿了过来进行对比:"杯子里的种子好像变大了。"旁边的小朋友也开始议论起来。为此我们还专门开展了讨论活动"泡发后的种子与没有泡发的种子的不同",让孩子们用比较的方式说一说种子在泡发前后有哪些不一样,泡发后发生了哪些变化。孩子们的发现让老师惊喜连连,他们

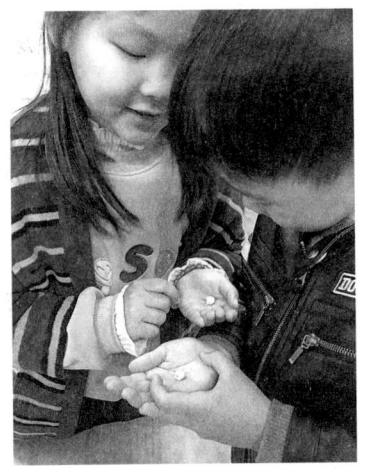

图7 幼儿在对比干湿种子的不同

不仅发现泡发后的种子变大了,还发现了泡发后的种子颜色比泡发前要浅,贝贝和沛璇则发现种子泡发以后湿湿的,种子变圆了,没那么尖了。因此孩子们推断杯子里的水是被干种子"喝"掉了,这个观点也得到了多数小朋友的赞同。

孩子们通过对比种子泡发前后的干湿变化,观察种子泡发后的颜色、大小,最终推断出杯子里的水是被种子"喝"掉了,知道了种子是会吸水的。在观察过程中,朵朵的发现引发了新的讨论。

朵朵:"快看!有一颗种子的皮撑破了。"
雅茹:"啊,露出了白白的小点。"
球球:"真的,这是什么?"
带着新的疑问,孩子们开始了"养芽"的第

图8 幼儿悉心照料,期待种子发芽

二步,将泡发过的种子铺放到育种盘上,并盖上喷湿的育苗纸,等待种子发芽。

孩子们对育苗纸下的种子充满了好奇心,不仅时刻关注育苗纸是否干了,还会轻轻地掀起育苗纸关注种子的发芽情况,仿佛种子会在下一秒就长出芽来。

种子发芽了（11月5日）

星期一的早上，子木掀开育苗纸："哇！芽！发芽了，快来看！"很快一帮小朋友跑过来，大家小心翼翼地掀开育苗纸，有的用手摸，有的用鼻子闻一闻，还有的干脆把种子拿到手中仔细观察。

"原来，芽真的是白白的，弯弯的，不太软也不太硬，还有点尖。"孩子们兴奋地交流着自己的发现。

图9　幼儿第一次观察自己养的芽

钻进洞洞的芽（11月7日）

拿掉育苗纸，种子的芽又长大了一些。区域游戏时，浩辰发现了一个小秘密，还把它记录了下来，区域游戏总结时，他和小朋友们分享了自己的发现："我发现两种种子的芽是不一样的，圆种子的芽是粗的、弯弯的，而尖种子的芽是直直的，还有就是，芽都是朝下长的，一颗圆种子的芽还钻进了洞洞里。"

图10　幼儿记录与分享自己观察到的芽

浩辰小朋友的发现很快引起孩子们的讨论：为什么芽要往洞洞里钻呢？

汐汐："好像不是所有的芽都往洞洞里钻，有的芽就是朝上面的。"

尹千："芽是想喝水了，因为下面有水。"

瑾萱："芽是种子的脚，所以往下长。"

柚柚:"芽像吸管一样,它要钻到最底下去喝水,然后才能长高。"

冠冠:"那是根,大树是靠根来吸水才长高的。这个芽也是根吗?"

睿睿:"芽是根吗?"

荠文:"怎么没看到根呢?"

雅茹:"有,你看这里,小小的,还没长大。"

尹千:"那就等它长大一点咱们再看。"

又过了两天,种子的芽又长长了一些,一阵兴奋的叫喊声引来孩子们的围观。

君君:"哇!快看,快来看,芽真的都钻到洞洞下面了。"

图11 幼儿提出新问题:"芽是根吗?"

威威(用手摸了摸):"这个芽湿湿的,它真的在喝水。"

冠冠:"我就说吧,这是根,只有根才能吸水。"

子木:"原来芽就是根啊。"

图12 幼儿近距离观察钻进洞洞的芽

那么,芽到底是不是根呢?这个问题还需要我们进一步的探讨与验证。

绿色的芽是什么（11月12日）

育苗盘上长出了绿色的芽,绿色的芽是什么？孩子们很好奇,纷纷记录下了自己的发现与疑问。

几天后,种子的绿芽又长大了些,沛璇第一个说出了自己的发现。

沛璇:"圆种子的绿芽上长出小叶子了,半圆形的。"

荠文:"绿芽是叶子的小时候啊。"

贝贝:"绿芽是叶子宝宝。"

球球:"叶子小的时候跟我们小的时候一样,长大就变不一样了。"

瑾萱（笑了笑）:"所以芽又是叶子又是根喽？"

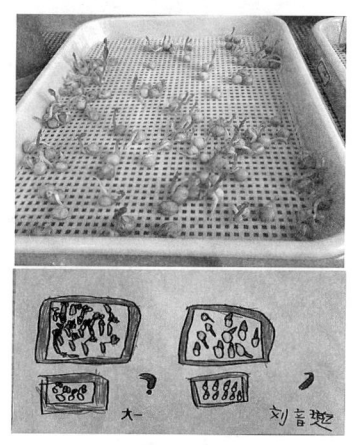

图13　绿色的芽是什么

此时,孩子们的发现由"芽是根"变成了"芽又是根,又是叶"。孩子们得出的结论是否正确呢？ 芽是根吗？ 很显然这个结论是不对的。老师请孩子们与家长一起查阅资料、翻看相关书籍,最后通过图片、科普视频等让孩子们了解了原来种子最先长出来的是根,不是芽,芽并不是根。

芽变苗，量一量

育种盘上种子的生长速度越来越快,芽也变了样,不再是白白胖胖的小芽,变成了细长的苗,孩子们通过对比前期查阅的资料,确定发芽的种子就是豌豆和小麦,圆的是豌豆,尖的是小麦。

芽的颜色变化让孩子们很好奇,但更让他们感兴趣的是由芽到苗的长度变化,这种动态的变化引发了孩子们的持续关注。

图 14　柚柚在用手指测量、用筷子标记麦苗的长度

孩子们在探索的过程中有了测量的需求,如柚柚开始用手指量麦苗的高度,用筷子做标记看麦苗是否长高,用玩具标记豌豆苗的高度变化,等。此时孩子们更专注于用什么材料来表示苗的长度变化,这也是他们进行非标准测量的过程。

为了更好地支架孩子们测量的需求,为孩子们提供适宜的经验支持,老师借助绘本《一寸虫》有趣的故事情节和学具,让孩子们在讨论一寸虫如何测量知更鸟尾巴的长度及动手操作的过程中,掌握测量时要首尾相接的技巧,获得测量经验。

随后的几天,老师还观察到孩子们经验迁移的现象,他们开始用班上等长的拼塑玩具代替"一寸虫"来测量豌豆苗的长度,并将已知的测量方法运用到对其他物体的测量中。

图 15　幼儿用"一寸虫"学具测量　　图 16　用拼塑玩具测量豌豆苗

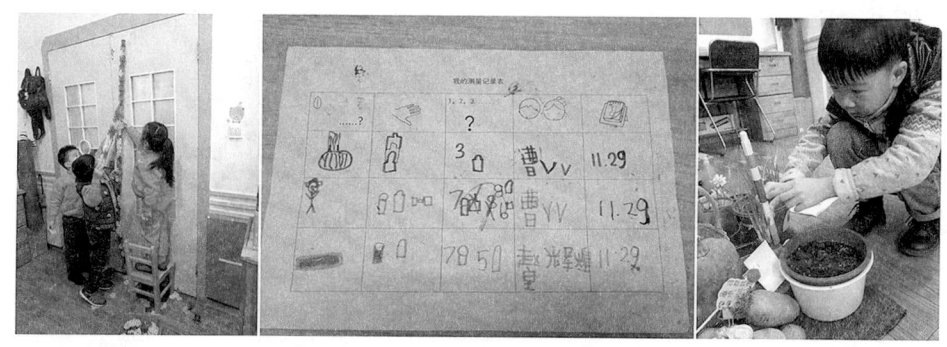

图 17　幼儿测量班级其他物体

"一寸虫"活动的开展,让我们看到了幼儿测量概念发展的萌芽,也为幼儿的测量由"非标准测量"向"非标准单位测量"的发展提供了支架。随后,幼儿开始使用"非标准单位测量"的方法测量和记录芽的生长与变化,他们在讨论芽或苗的变化时使用的语言也由"芽长到这么高"的手势比画发展到"今天的麦苗有5个雪花片那么高"的语言描述,幼儿的经验在探索与操作中不断地发展。有些幼儿还从家中带来了尺子测量豌豆苗,这说明幼儿的测量体验出现标准单位测量概念的萌芽。相比较大小一样的拼塑玩具,尺子的标准化单位与外形要抽象得多,大班幼儿理解起来还是有一定难度的,但是标准单位测量工具的使用为幼儿的深度学习提供了可能性,值得教师进一步思考。

教师的感悟

在"芽"的持续性探究活动中,教师充分尊重和保护幼儿的好奇心和兴趣,在幼儿积极讨论生姜长芽现象时,观察和倾听幼儿,并跟随幼儿的兴趣开展前期调查以了解幼儿的前期经验及当前的需要。

教师尊重幼儿的学习方式与特点,最大限度地支持和满足幼儿通过直接感知、实际操作和亲身体验获得经验的需要。

1. 材料支持

教师为幼儿提供了充分的操作材料,让幼儿在与材料的互动中有效地建构知识。如:提供育种盘、种子,鼓励幼儿自己动手养芽,幼儿在分工合作按照说明书完成泡发种子等步骤时自主学习能力有所提高;提供时钟、表盘学具,让幼儿在观察时钟、动手操作中了解1分钟、1小时、12小时的长短。

2. 经验支持

一方面,教师帮助幼儿在探究中掌握观察的方法,引领幼儿用比较的方式发现种子泡发前后的变化,而这种观察经验对幼儿持续探究"芽"的活动是非常重要的。另一方面,在幼儿的测量游戏中出现非标准单位测量的需求时,教师通过绘本《一寸虫》的故事,帮助幼儿积累非标准单位测量的经验,以支持幼儿对"芽"的深度探究。

结　语

关于芽的持续探究并未结束,近期幼儿又提出了新的疑问:生姜的芽和小麦的芽为什么不一样呢?为什么生姜没有在土里或水里却也能发芽?土豆的芽不是绿色的,芽的颜色只有绿色吗?……他们的新问题为教师支架幼儿对"芽"更深入地探索提供了新的切入点,教师会继续追随幼儿、尊重幼儿,为他们提供更加多样的材料与机会,让他们在与多种材料的互动中获得更加多元化的体验与经验的提升,使他们在属于自己的活动中享受游戏的自主与愉悦。

专家点评

　　该则故事好就好在"持续性"。幼儿对"芽"有持续的兴趣、有持续的关注、持续产生问题、持续进行探究、持续有所发现。教师持续的"材料支持"和"经验支持",充分地体现了《指南》中提出的"充分利用自然和实际生活机会,引导幼儿通过观察、比较、操作、实验等方法,学习发现问题、分析问题和解决问题"的理念。师幼双方、两种"支持"交互影响,相互促进。在这里想接着教师的反思,重点谈谈教师的支持问题。教师的持续支持是建立在精细观察的基础之上有证据、有教育意图的支持。

　　精细观察。教师细致地记录了探索中幼儿的对话、绘画等多种表征,呈现了"一百个孩子一百种芽"的生动场景。教师还敏锐地观察到了幼儿测量经验迁移的现象,"他们开始用班上等长的拼塑玩具代替'一寸虫'来测量豌豆苗的长度,并将已知的测量方法运用到对其他物体的测量中"。这些精细的观察与记录为教师的判断与分析、支持与促进提供了依据。

　　材料支持。科学探究活动中基础性材料和工具的提供非常重要。教师有准备地提供了育种盘、时钟及时钟表盘学具。有些材料则是根据幼儿活动需要相机提供的,比如"问题夹"、绘本《一寸虫》和相关学具等。同时,教师还注意鼓励幼儿去生活中、自然中寻找关于芽的素材。

　　经验支持。经验支持的前提是捕捉到幼儿遇到的关键问题及其蕴含的可能的发展点。比如在"我们可以养芽了"中对泡发时间的感知和认识;在"种子把水喝掉了"中通过观察、比较颜色和大小两个特征进行推断;在"钻进洞洞的芽""绿色的芽是什么"中通过观察、比较与分析,发现并描述不同种类物体的特征或某个事物前后的变化;"芽变苗,量一量"中测量与记录方法、语言描述的发展以及经验的迁移;等等。

　　对于幼儿来说,感受自然,关心自然,关注身边的细微变化比"知道"更重要。尊重和保护幼儿的好奇心和学习兴趣,就可能帮助幼儿从关注"芽"中生出对周围世界许多的"惊讶","一个为什么"也会长成"十万个为什么"。

(江苏省教科院幼教与特教研究所　何　锋)

香蕉林野趣

四川省成都市蒲江县南街幼儿园　高　吕

持续时间：2018 年 9 月至 2019 年 6 月

年龄段：大班

缘　起

九月开学初，老师带着孩子们在园里散步时问道："大班这学期的角色游戏，你们想玩什么呢？"孩子们全都指着远远的香蕉林说："玩以前的大班玩过的夺旗游戏。""幼儿园有那么多地方，为什么你们选择在香蕉林里玩这个游戏呢？还有没有别的地方呢？"他们很坚定地说："不行，其他地方不能玩，这儿更适合玩这样的夺旗游戏。""为什么？"孩子们纷纷说着自己的理由："香蕉林的树木高大，更适合我们在里面玩游戏时进行躲藏。""香蕉林，树很高大又很密，看起来很神秘，在里面玩真刺激。""它黑黑的、阴森森的，感觉像黑洞，而且里面有可以玩游戏的城墙。"……

幼儿园的香蕉林有坡地，兼具隐蔽、凹凸不平等特点，里面还有前期为孩子们游戏而创设的各种掩体、基地等，所以，这儿自然而然就成为大班孩子开展竞争、追逐游戏的好场所。孩子们在中班时便很羡慕大班孩子能在这儿玩夺旗游戏。就这样，在孩子们的期盼中，吸引力与挑战性同在的夺旗游戏开始了。

图1 香蕉林外围图

第一次游戏——无目的、无材料的追逐嬉戏

第一次游戏前,老师问孩子们:"玩夺旗游戏,你们想好怎么玩了吗?"孩子们都说想好了。游戏刚开始,他们开心地在香蕉树后东躲西藏,观察着树林里的城堡、树洞等。随后有几个孩子自发组队对弈起来,在山坡上来回奔跑,你追我赶,用手比枪嬉戏打闹……玩了一会儿,部分孩子开始争执起来,老师询问孩子们出了什么事。孩子们七嘴八舌地开始说着游戏中的问题,总结后发现主要有三个问题:一是分不清谁和谁一组,说好的和自己一组的朋友因记不清了反而来追赶自己;二是分不出胜负,大家乱成一团,都不知道哪队胜利了;三是没有材料,用手比枪,明明对方就在面前,都喊了几声"打到你了",可他就是不承认。

老师问孩子们怎么解决这些问题,他们首先想到的是需要收集准备一些材料。

那收集准备哪些材料呢?孩子们进行了积极的讨论,最后归类为这几种材料:① 玩具手枪、纸枪等;② 手榴弹;③ 盾牌。确定好材料后,孩子们决定回家发动家长一起收集制作这些材料。

第一次游戏后,孩子们还提出:大家一起玩分不出胜负,需要分队。老师问:"怎么分队?""男女直接分为两队。"有孩子反驳道:"女生全在一组,力气很弱,容易被打败。"又有孩子提出:"两个队男女都要有一些,只要人数一样就可以。"最后他们决定,按照人数将男女生平均分配到队伍中。回到教室后,他们借助小棒来进行分队,孩子们在分的过程中发现班级学生在平分后剩余一个人,两队人数不能达到实质的平均,怎么回事呢?有一个孩子提出:"人数是单数,所以才分不完,双数才能分完。"大家都对他说的特别感兴趣。什么是单数?什么是双数呢?借助这样的契机,我们与孩子们共同学习了单双数的意义,结合游戏经验,孩子们也将单双数的经验进一步迁移拓展到生活中。

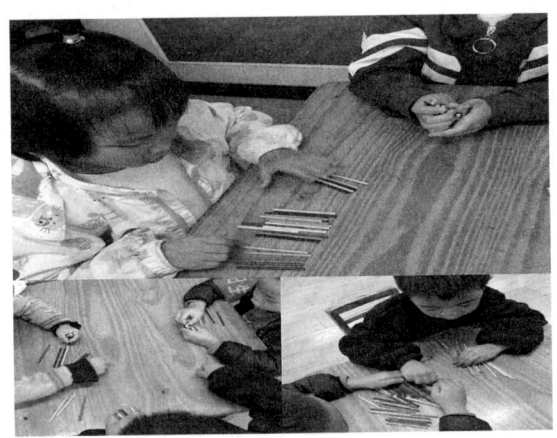

图2 借助小棒尝试左右分,以群数方式进行两组分,两两合作分

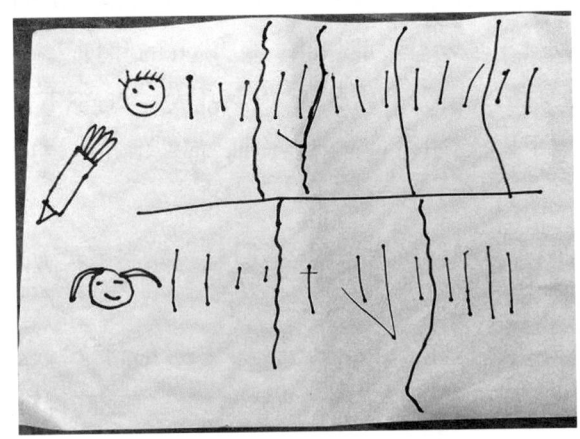

图3 借助分小棒的经验,边分边记录分的方式,将男女和两队人数进行平均分

旗子应放在哪

分好队后,两支队伍还进行了队旗的设计与制作。起初孩子们商量游戏以先占领对方基地为胜出,可是后来玩了几次发现分不出胜负。有孩子提出需要换一种玩一两次就能分出胜负的方式。这时,有个孩子提出:"我们不是玩的夺旗游戏吗?不如我们就以哪个队先夺取对方的队旗为胜利。"大家听了觉得可以试试。于是便开始了又一次的游戏,这一次游戏过后,孩子们提出:"队旗被藏起来了,也无法确定胜负,有的队旗被队员拿着到处跑,大家在夺旗过程中拉扯很容易受伤。队旗需要固定放一个地方。那队旗应该放在哪里呢?"他们说需要去观察看看。

图4 拿着旗帜到处走　　图5 藏旗帜　　图6 观察记录

孩子们到香蕉林中进行了实地观察、比较筛选。"旗帜应该放在一个能方便我们保护的地方,这儿很合适。"琪琪指着一处树多的地方说。洋洋说:"为什么这儿方便我们保护呢?"琪琪说:"树多可以隐蔽,旗帜不容易被夺走。"好好反驳道:"香蕉林里树多而密集的地方,不是特别方便人出入,我们不好守。"阳阳说:"嗯,我也觉得,不仅要找树多的,还得两边位置距离一样才行。你找的这处离对方的基地特别近,我们守旗的也不好躲避,一下就被打到了。"琪琪说:"那我们是不是需要找一个与两个基地之间的间隔距离相同的地方呢?"几个孩子开始寻找起来。寻找过程中,浩浩突然惊喜地指着城墙说:"我觉得下面的城墙就很合适。那里距离合适,还可以躲避。"琪琪说:"还是我找的树多的地方好。你找的地点怎么插旗帜呢?我的可以绑在树上,你找的那里什么也没有。"浩浩说:"我们可以靠着城墙边放。"燕燕说:"好像靠着放也不好。"浩浩说:"为什么呢?"燕燕说:"容易倒。"浩浩听了说:"倒了再捡起来。"美美说:"那好麻烦。"大家有点纠结了,到底放在哪里合适呢? 后来他们分别在两个地方进行了实验,发现城墙比树多的地方好,因为两个城墙地点固定,城墙两边的墙不仅能保护守旗人,而且将孩子们自然分为两队,可以利用沙桶来插旗帜,这样就不怕旗帜倒了。

旗帜放置地点固定后,接下来的几次游戏中,红队老是赢,后来红队在进行游戏经验分享时,我们才知道原来他们在每次游戏前都会商量哪些人去守卫队旗,这样有专门的人来进行守卫,旗帜就不容易被夺走。守旗人的角色就这样产生了。守旗人产生后,小组讨论和集体分享经验时,孩子们还提出不仅需要守旗人,还需要商量哪些人去夺旗,哪些人负责去守卫、保护基地周围,人"死"了或"受伤"了需要人来救治,等等。随着角色的不断丰富,在游戏的过程中,他们也初步制订了一个约定:一是先准备好材料再游戏,二是游戏中要注意安全,三是被打到要"死"或要"受伤"。为了让孩子们的经验得到延续,每一次游戏后,老师都让孩子们将游戏中的好方法和经验进行梳理,并制作成经验板。

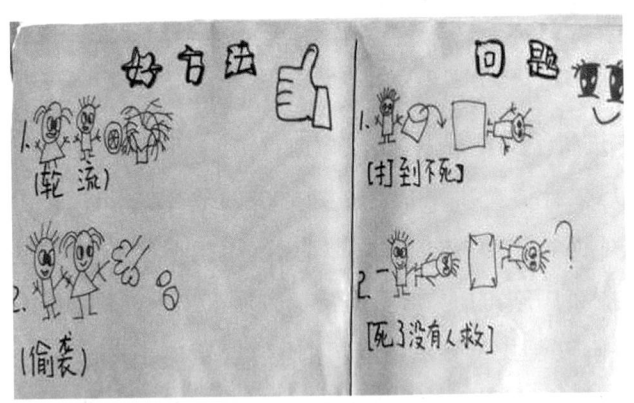

图 7　经验板

图 8　初步约定

什么材料又好又安全

随着游戏推进,有孩子提出:"我明明都对着他打了,但他就是不受伤,他是金刚葫芦娃吗?"其他孩子也相继向老师反映这样的问题。通过询问游戏中被"子弹打到"的孩子,大家发现是因为玩具枪不能发出声音与射出真的子弹,所以被打到的人没感觉,又不能用枪使劲戳队员,那样容易受伤,所以枪用起来不合适。

"那什么材料能让人既感觉到又比较安全呢?"

涵涵:"纸球就很好,能打到别人,还能感觉到。"

好好:"是的,沙包也很好。"

琪琪:"旧衣服做的布球也可以。"

讨论后,孩子们选择了纸球、沙包等投掷物体作为游戏的材料。后来游戏中有的孩子不愿意被对方打中"受伤"而被救治,决定要制作盔甲保护自己,减少受伤情况。那用什么材料来进行制作呢?他们想到了回收站里的废旧纸箱、旧的布等等,他们在纸上设计自己想要的盔甲,然后将找到的材料带回家,和家人一起共同按照设计图进行设计。在使用盔甲的过程中,孩子们也不断根据游戏中自己的需要,调整与改进自己的盔甲。

图9　初期制作的盔甲

图 10　以自己的身材来制作盔甲，保护更有效

图 11　全身包裹的盔甲

图 12　能蹲在里面的盔甲

图 13　侧面能放手榴弹的盔甲

打到身体哪里才算"受伤"

有了各类轻型投掷弹和盔甲装备后,游戏越来越好玩,但仍不断出现"打到就是不受伤"的问题,那到底打到身体哪里算受伤呢?

珂珂:"无论打到身体的哪里都算受伤。"

杰杰:"打到头就不行,那就得死。头很重要。"

美美:"那打到心脏也是死。"

凯凯:"那打到其他部位就是受伤。"

洋洋:"打到肚子也算死。"……孩子们各抒己见。

怎么才能明确打到哪些部位容易有生命危险,打到哪些部位相对伤势较轻呢?

于是我们决定利用班上的医生家长资源,通过医生家长进班讲解,孩子们认识了自己的身体结构,知道哪些部位受伤更容易有生命危险,哪些部位受伤相对伤势较轻,并讨论了"受伤"和"打死"的具体规则,比如:打到心脏和头就要"死";打到手、脚等其他部位就要"受伤",需要救助。同时,孩子们也准备了救治需要的纱布、绑带、输液的药瓶、输液管、输液架等医疗材料。

队员与医生应如何及时安全救治病人

图 14　队员们从"受伤"的孩子旁边走过

一次游戏后,一个孩子伤心地对我说:"老师,今天我觉得很不开心。"

老师:"怎么了呢?"

他说:"我的队员一点儿也不爱我,我受伤在那里,到游戏结束都没有人来救我。"

其实老师在游戏里也捕捉到了这样的镜头(如图14),便和孩子们一起讨论:"到底队员受伤了该不该救?"

大家都说要救,可是大家在游戏中也观察到或经历过自己"受伤"了,同队的队员并没有救自己,没有救同伴的孩子解释说他们觉得医生才有资格救人,战士需要忙着战斗,所以他们才没有去救治同伴。

有的孩子也提出了反驳意见:"战士也可以救同伴的,互相帮助是应该的,下次换作是自己受伤了,别人也会来救你的。"有的说:"一个队是一个集体,应该救。要团结才能胜利。"……

最终,针对救治问题,孩子们制定了新的规则:队员"受伤",同伴可以将其送往医院或者呼唤医生来救治;医生应外出巡逻,不能只是待在医院里。

再次游戏后,问题又接踵而来:医生如何安全地救治病人?有病人提出有的医生救治病人时,拖拉硬拽,很容易拉脱臼。(如图15)

图15　医生在拖拽病人

老师:"有什么好办法能让医生更好地救治伤员吗?"

杭杭:"不能拖拉病人,可以叫醒他们。"

涵涵:"受伤太严重,晕过去的人怎么叫得醒,需要抢救。"

杭杭："那怎么办？"

影影："我们抬回去进行抢救。"

加加："我们就是想抬回去，但是他伤得太重没有醒，我们只能拽。"

浩浩："可不可以先将他救醒，然后再送医院呢？"

好好："怎么救醒？"

洋洋："我知道哦，可以打针。"

豆豆："为什么打针呢？"

洋洋："打一针能让他苏醒的针，他慢慢醒过来后，再抬回医院输液。"

大家觉得可以试一试，实践后觉得这个方法很好，所以将医生救人的方法制定为："受伤"严重的人，先打针让其苏醒再抬或扶回医疗室；"死"了的人，倒下时一定要找一个安全的地方倒下，等待游戏结束；用安全的方式救治伤员（如把帆布担架调整为竹梯担架，让苏醒的伤员钻在担架中的空隙里自己走）；哪里受伤治疗哪里。

如何有效进行场地布局

随着游戏规则的不断建立及游戏材料、经验、角色的不断丰富完善，夺旗游戏越来越丰富多样。

游戏中为了更隐蔽地掩护，有孩子提出："老师，我们需要一些可以挡住我们的材料。"

老师："需要什么呢？"

孩子们："我们需要去找找。"

于是，老师带着孩子们在幼儿园里寻找，孩子们发现了后花园中的麻袋、纸箱，决定拿来作掩护。有的孩子还自己带来了网子。但是在实际游戏的过程中，老师发现孩子们将收集的材料投放到环境中了，游戏时，有的在用，有的却一点也用不上。

老师："你们的材料布置了，怎么没使用呢？"

凯凯："我们是布置了，但是在玩的过程中，发现麻袋太矮了，不能挡住我们的身体,所以没用。"

老师:"太矮了可以怎么办呢?"

豆豆:"加高。"

豆豆:"我们的道具很高,但是我们距离他们的基地太近,一下就被他们打伤了。"

洋洋:"我们只用纸箱和麻袋布置了基地的一面,他们又从另一面攻击我们,不是特别完美,需要再调整我们的布局。"

浩浩:"下次,我们一定要想好再布局了。"……

了解了这些原因后,老师想给予孩子自主调整的机会,让他们根据自己遇到的问题进行调整。但是孩子们的调整都不大。后来,老师组织他们实地勘察进一步了解地形,并将每次游戏的视频回放给他们看,看这些材料是否对他们的游戏起到了作用,在不断观察、分析和反思中,孩子们渐渐地将材料与游戏有机结合起来,布置出更隐秘的场地来保护基地旗帜和躲避对方攻击。

图16 沙袋随意地放置,迷彩网的布置似乎与游戏无关

图 17　观察地形,利用多种材料结合游戏需要进行布局

通过实践,孩子们分析总结出场地布局的几个经验:一是要用快速成型的大材料(如纸箱、麻袋、轮胎等)进行布局,不然布置很久都不能游戏;二是布置时要和讨论的方法一致大家才能明白,不能胡乱布置;三是大家要相互合作,你帮我,我帮你,这样才更快;四是用来布置的材料要又轻又大,麻袋很实用,但麻袋里要装报纸和旧衣服才好。

怎样才能让别人更好地知道自己哪里"受伤"了呢

随着游戏不断地深入,医生发现一些"受伤"的病人看起来像没"受伤"的样子,不像"受伤"的样子就不利于被同伴救治,没被救治的人又说医生半天没有救治他。

怎样才能让别人更好地知道自己哪里受伤了呢?老师给孩子们回放游戏中的视频,观看后孩子们展开了讨论。他们发现其实是有些头受伤的没有捂住头,脚受伤的也未捂住脚,有的受伤很严重,但是却没有痛苦的样子,也就是受伤的人没能很好地表现出自己受伤的样子。

老师也进行了相关的思考,和孩子一起分析人物心理活动、语言、动作、表情,并结合室内外的游戏换位体验和扮演,增强同理心、同情心的渗透,丰富了孩子的游戏经验。在这样循环往复的过程中,让孩子们不断地体验、感受与思考,再进行调整。

图18 室内戏剧游戏再现

图19 真实游戏表现

游戏地图

一次,孩子们正在商量游戏中该隐藏在哪里,有的孩子说到隐藏的一些地点时说得不是特别清楚。有的孩子就提出了建议:他说了那么多,但是还是不知道他说具体隐藏在哪一个地方,如果能像玩结构游戏一样,有一张图纸,不知道时可以看着图纸进行商量与表达,可能会好得多。老师问:"那你们觉得需要什么样的图纸呢?"孩子们说:"香蕉林的图纸。"老师说:"可是我们没有呀。"有个孩子说:"有,我们在看消防通道时看到楼梯那里好像就有地图。"

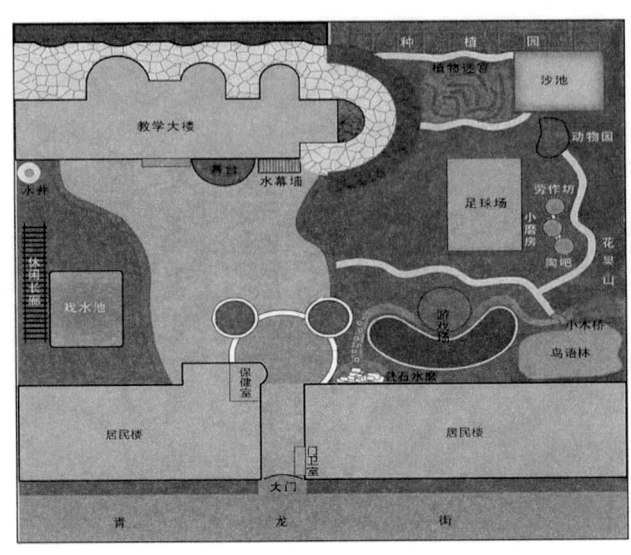

图 20　幼儿园平面地图

孩子们对幼儿园的平面地图进行观察后认为就是需要像这样的地图,但是大家又觉得要把整个香蕉林画在这样一张纸上,似乎特别难。在大家不知道该怎么办时,涵涵提出:"我们可不可以像在主题中记录幼儿园的树一样,抓住其中重要的一些地点或标志物,将其分别记录下来,然后再剪下来,根据实际的地点进行排列与摆弄,就像电视中看到的沙盘一样。"孩子们听了觉得可以试一试,于是老师组织孩子们进入香蕉林,对重点事物进行观察写生,回来后筛选写生得比较好的剪下来进行排列梳理,并依次在对应的地方放大绘画出香蕉林中典型的标志物,就形成了孩子们想要的地图。

图 21　初次绘制简单的香蕉林地图

有了平面地图,游戏前孩子们在商量自己躲避的地点时就能边说边指着地图了,这样大家看得也清楚,听得也明白。可是在使用中,孩子们又提出了问题:地图太简单了。

老师:"为什么呢?"

琪琪:"我和果果商量躲在挨着沙池的地方,但是地图上没有。"

小雪:"嗯,是的,我和琳琳准备在三间小木屋房子中间的路上偷袭他们,地图上也没有画出来。"

糖糖:"我觉得有的地方的树还可以画多一点。"……

随后,孩子们在自己小组对应的地图上添上了一些需要的地点及事物等。随着游戏的不断深入与需要,孩子们后来还进行了第三次绘制。

图22 再次丰富后的地图

图23 第三次调整后重新绘制的地图

地图对大班孩子空间方位意识的发展价值是相当重要的。面对复杂的香蕉林地形,怎样将直观立体的香蕉林转移到平面的地图上,这是孩子面临的问题。在这其中,老师不仅看到了孩子空间意识能力的发展,也看到了他们团队协商的能力。

一次游戏后,小玲:"这次美美没有按照之前商量的计划来,她们不是负责包围的,却去参加包围了。"

美美:"本来商量的是,我和凯凯帮助小鱼他们守旗,但是他们不让我们和他们一起守,所以我们才去包围的。"

果果:"我们也是的,他们明明是守旗的,但是却去偷袭。"……

讨论过后，大家发现出现这样的问题是由于他们商量时是按自己的角色小组进行的，例如医生组的人自己商量了，角色进行重新分工了，但商量过后并没有告诉队伍中的其他角色组的人。所以地图上的信息要具体到每一个人，这样才能让所有人明确队友的角色任务，促进有效的协作。基于这个考虑，孩子们对地图做了调整：一是在地图上增加名字，并在名字旁贴上对应的角色；二是对于整支队伍来说，要有一张大的地图，同样，对于小的角色组来说，还要有自己的角色组的地图。

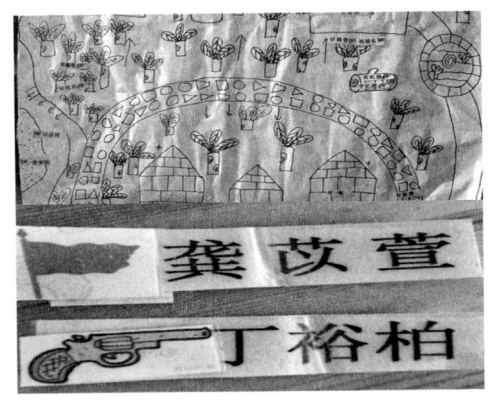

图 24　地图上加入名字与角色

图 25　小组、大组都有地图

教师的感悟

游戏还在继续，在此过程中，幼儿在游戏中敢于积极地去发现问题、思考问题、解决问题，从而建构自己的经验，启迪心智。同时，教师在游戏中巧搭鹰架，引导幼儿获得新经验。结合《指南》精神，教师对本次"夺旗"游戏中大班幼儿的发展及价值点进行了思考。

1. 角色的吸引力和挑战性

大班幼儿喜欢扮演现实生活中体验不到的角色，这类角色会让他们有更多想象和创造，香蕉林就像实景演出体验场，每次"夺旗"也充满未知和不确定性。对大班幼儿来说，"夺旗"游戏吸引力与挑战性同在，他们自然将学习和游戏融为一体，真实和想象有机结合。

2. 具备了游戏核心驱动力

能让幼儿百玩不厌、玩得过瘾的游戏才是真游戏,这类游戏具备创造、社交、未知、成就等特点,会让幼儿产生紧张感,促进幼儿思维、情感深层次参与,能让幼儿经过努力取得成就感和快乐感,而"夺旗"游戏具备这些特质。

3. 有利于实现幼儿全面发展

游戏不是目的,只是手段和载体,最终要促进幼儿全面发展,此游戏会在连续不断的真问题解决中促进大班幼儿的团队合作、问题意识、批判思维、口语表达、安全保护、规则遵守、接纳尊重、动作、创造表现等综合发展。

结 语

高质量的教育一定是精心策划的,需要在幼儿的自我选择和教师指导间求取平衡,二者都很重要,只有这样,才能充分发挥游戏价值和功效,脱离简单嬉戏,向更高水平发展。的确,在高品质的游戏中,教师心中有目标,以游戏内容为载体,关注幼儿在游戏中的完整性学习和深度学习,让学习与游戏自然相融,通过游戏有效实现五大领域的综合发展,这样游戏中的幼儿才是主动的、投入的、发展的。

专家点评

柏拉图认为,儿童的本性是需要游戏的。事实上,只要我们静下心来观察幼儿,便能发现,游戏的确是幼儿的天性,幼儿最迷恋的活动就是游戏。

这个故事告诉我们,幼儿是真正的游戏高手。幼儿非常明确自己想玩什么、在哪儿玩、怎么玩,他们会分析、评价在游戏中玩得怎么样、存在哪些问题、原因是什么、可以怎样解决,他们会通过不断调整材料、规则、环境、角色、关系等解决遇到的问题……就这样,在一次次真实的游戏、讨论、制作、表达等活动中,在推进游戏发展的过程中,幼儿不仅沉浸其中,满足着自己的游戏兴趣,也不断丰富着游戏的体验和经验。

在这个故事中,我们能清晰地感受到教师的儿童立场和问题意识。从内容、场地的选择,到游戏发展的全过程,教师关注并尊重幼儿的游戏意愿、经验,并在观察、了解、尊重的基础上支持游戏发展和幼儿经验的获得。故事以解决游戏中出现的问题为线索,如旗子放在哪儿、什么材料又好又安全、如何及时安全救治病人、如何有效进行场地布局、怎样才能清楚描述隐藏的地点等。教师关注幼儿在游戏中出现的问题,随着新问题的出现、讨论与不断解决,游戏出现了"守旗人","盔甲"从局部到全身,"投掷弹"从单一功能到多功能,"医生"加入,游戏地图产生……这些过程不仅有趣,还很有意义,这样的游戏过程促进了幼儿学习,将经验转化为意义。教师的儿童立场和问题意识值得我们学习。

我还赞赏故事中教师的一个做法。每次游戏后,教师通过视频回放、讨论等方式,鼓励幼儿分享和评价自己的想法与行为,幼儿记录游戏中的经验和问题并制作成游戏经验板。我相信,这个过程幼儿一定是很感兴趣的,更重要的是,对幼儿来说,制作游戏经验板的过程本身也是学习,而且,这些游戏经验板也将在今后的活动中继续发挥作用。

(南京市太平巷幼儿园 汪 丽)

鸡蛋去哪里了

江苏省江阴市华士中心幼儿园　赵晓毓

持续时间:2019年4月至6月

年龄段:大班

缘　起

过完年,幼儿园里的鸡和兔子分别有了新家,孩子们开学进来后很感兴趣,经常会去观察。

3月1日下午,孩子们发现鸡窝后面的草地上有鸡蛋,捡起来一数居然有6个。"鸡每天都下蛋吗?""那我们不就有很多鸡蛋啦!"孩子们非常期待每天都能捡鸡蛋。但是,从那以后孩子们再也没有捡到过鸡蛋。4月19日,孩子们照例去捡鸡蛋,仍是一无所获。鸡为什么不下蛋了,怎么才能让鸡下蛋,成了孩子们讨论的热点,也开始了我们的故事。

图1　第一次收获鸡窝后的6个蛋

不下蛋的鸡

1. 鸡为什么不下蛋了

"鸡要开心了才下蛋。""鸡要多喝水,身体缺水了也不愿意下蛋的。""我们去捡鸡蛋的时候,肯定把它吓到了。它担心生出来又被我们捡掉。""老师,鸡每天吃的都是米饭,它要吃新鲜的蔬菜才生蛋。"针对鸡为什么不下蛋了,孩子们进行着各种揣测。"我家旁边也养了几只鸡的,我家的鸡下蛋的。"一个孩子一说,好几个孩子也开始附和,都说自己家周围有鸡。虽然我们生活在乡镇,但并不是每一个家庭都养鸡、都能看到鸡,所以,老师让孩子把"鸡为什么不下蛋了"的问题带回家,并给了两个提示:第一,问问养过鸡的人,向他们请教经验;第二,从网上查阅资料。

4月22日,周一,早上来园之后,孩子们就在讨论着老师上周五布置的任务。

一个孩子和妈妈查到的资料是"母鸡要多晒太阳才会下蛋",老师回想一下,也许是的,之前鸡窝是能晒到太阳的,现在的新家比较靠边,大家未曾关心过光照问题。于是,老师让孩子定时观察了鸡舍一天的阳光,下午太阳在西面,鸡舍能晒到,故排除了光照因素。

一位奶奶传授的经验是"鸡每天吃的都是剩饭,营养不良,消化不好",有可能,我们照料鸡时,没有主动为鸡准备过其他食物。

…………

通过知识经验分享,孩子们推测帮助鸡下蛋的方式可能有:
① 喂养不能过于精细,要混合喂养,添加青菜、饲料等食物。
② 喂食时加一些有助于食物消化的东西,如沙子、小石子。
所以,当前要做的就是调整鸡的饮食结构。

图 2　调整鸡的饮食结构（添加蔬菜、水、小石子、沙子）

2. 鸡要吃什么才会下蛋

推测鸡不下蛋的原因后，孩子们开始了第二个议程——调查、验证鸡要吃什么才会下蛋。大部分孩子说小鸡爱吃虫子；有生活经验的孩子认为鸡要吃玉米、小米、卷心菜、大白菜、大米、青菜；一个孩子认为鸡还喜欢吃面包，上次吃点心的时候，她的面包不小心掉地上了，老师觉得扔掉太可惜，建议她去喂鸡，刚扔进去鸡马上就啄着吃了；小亿用她奶奶的生活经验告诉我们，鸡还要吃米糠、麸皮。

根据孩子的回答，老师进行了总结：鸡是一种杂食性动物，它什么都要吃。孩子们把自己知道的食物画了下来，最后，我们把食物进行了归类，制作了一张鸡的食谱清单。为了激发孩子对鸡饮食结构的深入探究，老师继续引导："除了我们说的，还有一些我们不知道的，鸡可能也要吃，我们可以喂一喂试试。"食谱清单确定之后，孩子们开始科学喂食，期待着"蛋宝宝"的降临。每天早上来园，他们都会先去鸡舍看一眼，再进班级。

图 3　归类、统计食物并制作食谱清单

3. 鸡很喜欢吃虫子

4月23日,夜里下过一场雨,地面有些潮湿。吃过午饭,源源和铄铄在教室前面的水泥地上发现了两条长长的蚯蚓在蠕动,源源立马报告:"老师,好大的蚯蚓,这是虫子吗?鸡要吃吗?"老师鼓励他俩去试试看,源源找了一根长竹竿打晕了蚯蚓,挑着去了鸡舍,竹竿刚塞进鸡舍网孔,母鸡一口就啄掉了,公鸡在一旁看着。通过实际操作,他俩认为鸡喜欢吃虫子,兴奋地把这一消息告诉了班上所有的孩子,其他孩子提出也想去捉蚯蚓,老师决定下午全班一起找蚯蚓。

图4 到中二班采访有关蚯蚓的知识

午点之后,孩子们准备好捉蚯蚓的工具出发了。他们在水塘边又发现了一条,正兴奋地捉着,园长老师恰好路过,得知孩子们的行动计划后,提出了自己的疑问:蚯蚓是益虫还是害虫?要不要捉它喂鸡?她还建议孩子们去研究蚯蚓的中二班采访一下。带着这个问题,孩子们到中二班进行了采访。中二班的老师和小朋友热情地给予了解答,他们不仅带孩子们看了他们班的蚯蚓,还讲解了蚯蚓的作用:蚯蚓除了有松土的作用,它的大便还能作为化肥滋养植物。这下,孩子们知道了蚯蚓的价值,一致反对用蚯蚓喂食了。在"益虫还是害虫"的讨论中,孩子们决定捉蜗牛喂鸡,因为它是害虫,要吃菜叶。我们来到种植地,在菜叶背面、草丛堆里,捉到了很多蜗牛。

图 5　捉蜗牛喂鸡

4. 鸡终于又下蛋了

4月26日,我们在玩户外角色游戏时,几个孩子跑到鸡舍处去看鸡。突然昊钰跑过来告诉老师:"老师,鸡下蛋啦。"他一边说,一边拉着老师过去。来到鸡窝前,他手指着说:"老师,你看,在鸡窝门口,那边缝缝下面。"沿着他指的方向看过去,真的有一个鸡蛋,这么窄的缝也不知道这个蛋怎么进去的。消息传开了,孩子们都来看鸡蛋。

老师叹了口气说道:"这么多天,鸡终于下蛋了啊。""是的,肯定我们喂虫子给它吃,营养全面就下蛋了。""吃了蜗牛,那个硬硬的壳帮助鸡消化食物了才下蛋的。"孩子们七嘴八舌地夸赞着蜗牛的功劳。老师顺势把这个问题引到了孩子的生活中:"嗯,鸡吃了多种营养就下蛋了。我们小朋友吃食物也不能光吃一样,挑食对身体不利。要什么都吃,才营养均衡,身体好。"我们当场还讨论了"这个鸡蛋要不要捡",有小朋友提议留着这个鸡蛋,让鸡妈妈孵小鸡。大家一致同意后,把这个鸡蛋留在原处了。

图 6　每天记录喂养日志

鸡蛋悬案

1. 鸡蛋去哪里了

4月28日,子涵早上来园,一进教室就告诉老师:"老师,蛋没了。"她的发现引起了轰动,大家赶紧来到鸡舍前。"老师,我们上次在鸡窝后面捡到鸡蛋,是不是母鸡怕我们又把蛋捡走,藏起来了啊?"一群孩子在鸡舍四周找蛋,但是没有收获,他们建议进鸡舍找。老师带着孩子进了鸡舍,还是一无所获,他们甚至叫老师把鸡窝翻起来。大家又在之前发现鸡蛋的鸡窝门口的缝里找,还是没有鸡蛋的身影。鸡蛋不见了,凭空消失了。

"肯定是有人拿走了鸡蛋。"孩子们都这么认为。老师觉得这是引发他们猜想、验证、推理、判断、寻求答案的好机会,就问道:"鸡蛋消失几天了?"孩子们扳着手指计算着:周五,周六,一共两天。周五上午还有的,说明真正消失的时间就是一天半。那在这一天半里,谁会去照顾鸡,谁会看见鸡舍里发生的事情呢?"有可能是阿姨吗? 我看见阿姨中午去把剩饭给鸡吃了。""那我们去问问阿姨,她喂食的时候鸡窝里的蛋还在不在。"

当阿姨做好工作来到班级后,孩子们问:"阿姨,星期五我们看见的鸡蛋不见了,你中午喂饭的时候,蛋还在吗?"阿姨说:"是不是那天早上鸡窝门口那一个啊? 我喂饭的时候看见还在的,还在那个鸡窝门口。""午餐时间段还在,那晚餐时间段呢?"孩子们开始一一排除。源源说:"星期五的晚餐轮到谁喂的呀?"淇淇:"是我喂的。我喂的时候鸡蛋还在的,我没有去拿。"淇淇以为小朋友会责怪她,声音都是低低的。老师安慰着:"没关系的,淇淇,大家只是想知道你看到的现象。"她应了一声,腼腆地坐下了。

"周六放假的一天,谁会照顾鸡呢?""不知道。""没人照顾,鸡肯定饿一天吧。"孩子们都认为放假是没人喂鸡的。"其实,还有一些人在默默地为我们服务,比如保安叔叔。假期里,他要巡逻保障校园安全,也会为我们饲养区的动物喂食,不然动物会饿死的。"恺恺说:"那我们赶紧去问问叔叔,他们有没有看见。"

一群人在路途中恰巧碰到保安叔叔们去食堂用餐,于是,杰杰马上问道:

"叔叔,你们星期六的时候有没有看到鸡窝里的蛋呀?"叔叔说:"没有啊,蛋在哪里呀?"杰杰说:"就在鸡窝门口啊,你喂鸡的时候有没有看见啊?"叔叔说:"哦,我没注意看,没有发现鸡蛋。"恺恺问:"那周六有没有陌生人来学校啊?""没有,我们一直在门口值班看着呢。"保安叔叔这边也没给出答案。

鸡蛋去哪里了,变成了一件悬案。

图7　询问保安叔叔

2. 蛋被黄鼠狼吃了

5月9日,孩子们像往常一样去给鸡喂食。他们发现了惊人的事情:有一只黄鼠狼在鸡舍里,看见有人过去,就立刻窜到旁边的兔舍里,没一会儿就钻到外面不见了。母鸡受伤了,背上的两块毛没有了,露出红红的皮肤。孩子们不认识黄鼠狼,老师向他们介绍了黄鼠狼的特点,孩子们了解到:黄鼠狼喜欢吃小动物,特别是家禽、老鼠等,它奔跑迅速,能游泳、爬树、爬墙,且个子小,能钻过鸡舍的栅栏。这下,孩子们一致认定黄鼠狼就是偷吃蛋的罪魁祸首,不仅如此,它还想偷吃鸡。

怎么办?得马上改造鸡舍,防止黄鼠狼再进鸡舍。一个孩子说:"我们在鸡笼上面罩一个大网,把鸡盖住,黄鼠狼就吃不到了。"另一个孩子说:"我们把笼子弄得牢固一点儿,黄鼠狼就钻不进去了。"还有一个孩子说:"我们在笼子上面装有电的东西,一碰就会触电,我爷爷说小区里面的围墙上就是这样的。"

孩子们根据改造计划设计了图纸。

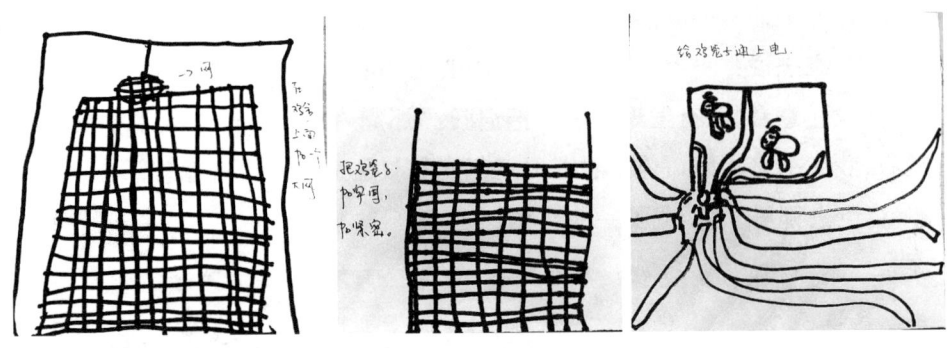

图 8　防盗装置设计图

老师让孩子们自己选材、协商、制作。最终,他们选定了网片,用毛根把网片叠加在之前的铁丝网上,网变得更密了,他们认为这样黄鼠狼就钻不进去了。图 9 是实际改造效果。

图 9　加密饲养笼

3. 原来是鸡自己吃了蛋

鸡舍改造后,孩子们觉得黄鼠狼偷不了蛋了,鸡又可以安心下蛋了。可是一连几天,还是没有发现蛋。

5 月 16 日,晞晞带来了他家昨晚吃剩的西瓜皮去喂鸡,正巧看到母鸡蹲在窝里下蛋,他跑回教室喊大家去看,孩子们一窝蜂冲过去,大家都看到了母鸡慢慢下出蛋的过程。此时,母鸡下好蛋从鸡窝里走出来,公鸡立即进了鸡窝开始啄鸡蛋。"怎么会这样?"孩子们急了,有的踢鸡舍,有的对着公鸡怒吼,有的朝鸡舍里扔瓜皮,都想把公鸡赶走、引开。可是公鸡一点都没受影响,它啄了一下蛋,然后叼起鸡蛋到了鸡窝外面,公鸡啄了几下之后,母鸡也过来了,就这样,公鸡啄几下,母鸡啄几下,不到一分钟,一个蛋就没了。"难怪我们经常捡不到蛋呢,原来是鸡自己吃掉了。""上次的蛋,我们还说是黄鼠狼吃的,说不定也是它自己吃的。"亲眼看见鸡吃蛋的孩子们得出了这样的结论。通过观察,孩子不断地积累认知经验,也不断修正自己原有的判断。

图10 鸡吃蛋

护蛋行动

1. 怎样阻止鸡吃蛋呢?

鸡为什么要吃蛋?这是孩子们都很困惑的问题。5月22日,我们向隔壁小学有养殖经验的科学老师杨老师咨询,得到两个可能。

一是缺钙。鸡吃蛋说明它缺钙,蛋壳里面有钙,所以它就会把蛋吃掉。可以买钙粉,搅拌在鸡食里,鸡吃了之后营养均衡,它就不吃蛋了。

二是喂食问题。不要把鸡蛋壳、鸽子蛋壳给鸡吃。虽然这些能补钙,但是,鸡吃了壳类,下次自己下蛋后,也会吃蛋壳,我们自然就捡不到鸡蛋了。而之前我们有时会收集下午吃点心时剩的鸽子蛋壳、鸡蛋壳喂给鸡吃,鸡很喜欢。

听了杨老师的经验传授,孩子们认为鸡的食物清单需要调整,他们一致决定:不再给鸡吃蛋壳了,要多给鸡吃又硬又补钙的食物,如螺蛳、虾壳、河蚌。

图 11 添加促消化又补钙的螺蛳

为了让大家都能科学、方便地给鸡喂食,孩子们还设计制作了喂食管道和喂食提示牌。

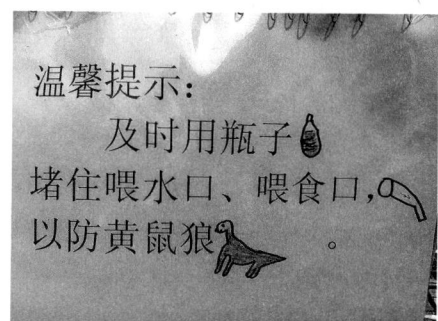

图 12　制作喂食装置

2. 鸡口夺蛋

6月5日，孩子们照例去喂鸡，看到母鸡蹲在鸡窝里，而公鸡不时在鸡窝前徘徊。"母鸡是要生蛋了吧？"有一些经验的孩子们都这么认为。于是，我们时刻关注着鸡窝里的动静，只见母鸡微微蹲下身子，然后一个鸡蛋慢慢地在尾部若隐若现，公鸡则看着母鸡，在鸡窝口踱步，孩子们开始着急了："老师，赶紧把公鸡赶走，不然公鸡又要吃蛋了。""老师，我们赶紧到鸡窝里去。"源源提醒着："赶不跑怎么办？会不会啄我？我去找根棒，用棒赶走它。"刚要分批行动，焖焖就大叫："老师，母鸡下蛋啦！公鸡要进去啦！快啊，快啊！"老师急得一个箭步冲进鸡舍，把刚进鸡窝的公鸡赶出去，抢先捡起了热乎乎的鸡蛋。走出鸡舍，只见公鸡马上又进了鸡窝，转了几圈后出来在鸡窝四周边叫边徘徊，明显是在找蛋。看来，公鸡还是想要吃蛋，这个结论在我们咨询了养鸡伯伯后也得到了证实。

怎么办呢？我们又进行了讨论。晞晞说："我觉得是公鸡特别想吃鸡蛋，它吃了母鸡也想吃，母鸡自己不会吃自己的蛋宝宝的。"欣欣说："我们把公鸡和母鸡分开来，不让公鸡吃到。"孩子们七嘴八舌地想了很多办法，晞晞和欣欣的想法得到大多数孩子的认同，他们决定将公鸡隔开，单独放进一个笼子，孩子们开始设计图纸、收集材料。

图 13　设计隔离公鸡的妙招

3. 终于又能捡到蛋了

6月10日,做笼子的网片准备妥当,一早进来,孩子们就根据设计图忙活开了。

图 14　合作搭网片

孩子们把笼子固定在了鸡舍的一角,把公鸡赶了进去。母鸡和公鸡被分开后,都放声大叫,公鸡还在小笼子里团团转,母鸡则在小笼子外面走来走去。孩子们都说:"公鸡母鸡被分开了,它们发火了。"五分钟之后,母鸡渐渐平静了下来,我们静待母鸡下蛋。

图 15　公鸡、母鸡隔离

按以往的经验,母鸡会在九点左右下蛋。而这个时间正巧是我们的区域游戏时间。铄铄很不淡定地多次来问老师:"老师,母鸡有没有下蛋啊?"老师说:"你去看看,母鸡有没有到鸡窝里去。"接下来,老师就把任务交给了他,由他观察并向大家实时汇报。

　　8:50,没进鸡窝。

　　9:00,没进鸡窝。

　　9:10,没进鸡窝。

　　9:30,没进鸡窝。

　　10:00,没进鸡窝。

　　11:30,鸡进窝蹲着,铄铄守了两分钟,母鸡从鸡窝出来,铄铄回班报告情况又去守着。

　　11:40,鸡进鸡窝,铄铄又观察了十分钟,鸡还是没下蛋,但仍蹲在鸡窝,铄铄离开准备午睡。

　　12:00,听见母鸡咯咯叫,铄铄跑去发现鸡窝有蛋,母鸡没啄,他进去捡蛋。终于又捡到蛋了,孩子们都很高兴,看来把公鸡隔开的办法是有用的。

图 16　捡到鸡蛋了

　　6月11日,守了一天,鸡没下蛋。

　　6月12日,11:30,母鸡又进鸡窝了,孩子们开始守着。直到12:10,母鸡还蹲在鸡窝,蛋没下出来,母鸡的头左顾右盼。昊钰说:"是不是它怕我们捡走它的蛋,不敢下出来啊?"大家决定回班级,等母鸡下完蛋"咯咯叫"发出信号了再去捡。12:15,菲菲在阳台的窗户边看到母鸡走出鸡窝了,她说道:"母鸡出来了,今天怎么没叫啊?它下蛋了吗?"老师说:"你们去看看吧。"两个孩子一路小跑着过去。蛋在鸡窝里躺着,母鸡在鸡舍里踱步。孩子们又捡到了蛋。

接下来的日子,母鸡两天就下一个蛋。母鸡是不吃鸡蛋的,如果孩子们不去捡,鸡蛋就一直在鸡窝躺着。到6月24日孩子放暑假,一共收获了10个鸡蛋。

幼儿的经验

这是一个关于鸡蛋的故事。大班幼儿觉得"鸡突然之间不下蛋了"很奇怪,对它产生了兴趣及好奇,教师抓住了这个契机,与幼儿进行了一系列的猜测、调查、访问、实践、观察、探究等活动,由此发生了一系列故事。教师可以更多地利用大自然和身边有趣的事物,让幼儿真真切切全方位观察,多听听幼儿的声音,找到兴趣点,开展活动。

幼儿在整个探究的过程中有许多的发现和体验,除了语言交流,他们还用表征的形式画下来并讲述,教师帮忙记录,让幼儿获得从口头语言向书面语言过渡的经验。

在这个活动中,幼儿表现出较强的好奇心,有探究的兴趣和愿望。教师追随着幼儿一起观察、探究、寻找答案,在这个过程中,幼儿获得了哪些经验和发展呢?

一,在讨论中,幼儿围绕"鸡为什么不下蛋了"这一话题,充分调动了已有经验进行猜想和假设,尝试调查与统计。

二,在调查后,幼儿对鸡的食物进行统计、归类,这个过程中幼儿发现事物间的异同和联系。

三,幼儿猜想鸡喜欢吃虫子,并通过喂鸡,鸡吃了两条蚯蚓证实了猜想,"以点带面"引发至全班行动。

四,捉蚯蚓的事件中,孩子们进行了班级与班级的互动,信息与信息的传递。幼儿从他人身上习得了经验知识。

五,鸡蛋悬案,幼儿通过观察、操作、实践的方法,发现问题(网孔太大)、分析问题(黄鼠狼身材小巧)、解决问题(网片加密),这个过程表现出幼儿的科学精神和态度。

六,幼儿在排除一切因素后,守候鸡下蛋,发现鸡下蛋的规律(两天一个),感知生活中数学的有趣,关注周围生活。

教师的感悟

1. 兴趣是动力

做任何事情,兴趣很重要。有了兴趣,学习是主动的、积极的、热情的。反之,没有兴趣的学习往往是一种负担,变得机械。而教师的热情和关注度也是进一步维持和提高幼儿探究积极性的动力。一项探究活动,需要教师和幼儿共同感兴趣、共同投入,教师陪伴着幼儿一起探究,这样的活动才会深入、持久。

2. 好奇心是内驱力

好奇心能激发幼儿的求知欲,促进幼儿探究学习。在教师的指导下,幼儿自己探索问题,主要的学习方式以主动参与、探究发现、交流合作为主,教师要及时鼓励、保护和发展幼儿的好奇心。一个人如果体验到了一次成功的乐趣,就会勇气倍增,激起无数次的追求。教师也要尽量捕捉、放大幼儿学习过程中的闪光点,做出评价,增强其探究问题的自信心。

3. 探究是活力

探究活动是在幼儿游戏、讨论、做事中自然发生的。科学探究最重要的就是让幼儿亲身体验,寻找问题的答案。探究是属于幼儿自己的,从他们感兴趣的问题、想要知道的答案开始,幼儿亲自动手、亲眼观察,围绕问题展开探究行动。要形成这样的探究,教师必须多听幼儿的声音,多观察幼儿的行动,多了解幼儿的想法,根据他们的需求准备材料及知识储备。"授之以渔",教师要有步骤地引导幼儿探究,成为幼儿探究的支持力量。

1. 从问题开始的探究活动

故事从问题开始,又始终围绕着"为什么不下蛋?蛋到哪里去了?"的问题,一步步展开调查、分析、讨论;幼儿在这个过程中学会了观察和思考,并且能根据实际观察,修正自己的原判断,这些都是终身受益的心理品质。

2. 多主体参与的园本课程建设

活动中,幼儿为了寻找问题的答案,了解事情的真相,反复向家长、保安叔叔、保育员阿姨进行调查,不仅学会了收集信息,也学会了和不同的人打交道,锻炼了自己人际交往的能力。其次,由于幼儿的活动是在一个开放的课程环境中,所以全员参与就成为可能,在幼儿的作用下,家长和幼儿园的工作人员都参与进了幼儿园的课程中,形成了多主体参与幼儿园园本课程建设的良好氛围。

3. 幼儿学习活动中教师的角色定位

幼儿园课程是经验的,而幼儿在学习中获得的经验应该是有益的、连续的、完整的,这期间教师的作用就是帮助幼儿,将活动中获得的零散的经验进行梳理,从而让幼儿的经验得到拓展和提升。如果故事中的教师能够既顺应幼儿的思维,又能因势利导,说鸡又不局限在鸡上,幼儿的思维会更有宽度,触类旁通和迁移的学习能力会得到更好的提升。

4. 幼儿学习活动中资源的整合

某种意义上,资源决定课程。资源丰富,活动才能多样。因此,在活动中如何整合多种资源,为幼儿学习提供更为丰富的活动内容,让幼儿获得更多样的经验,是需要教师进一步思考的。比如,与此相关联的文学故事和绘本、机械化养鸡场的视频等,如果能有这些资源的整合进入,可能会引发大班幼儿更多的思考,他们的视野会更开阔。

(苏州幼儿师范高等专科学校　张春霞)